당신이 보지 못한 피렌체

당신이 보지 못한 피렌체

욕망으로
피어난 도시
Firenze

성제환 지음

문학동네

- 종교기관의 명칭은 교회, 수도원으로 이원화해서 표기했다.
 1. 특정 수도회에 속해 있지 않고, 피렌체 교구의 관할인 종교기관은 '교회'로 표기했다.
  예) Basilica di San Lorenzo → 산 로렌초 교회
 2. 특정 수도회(베네딕트, 프란체스코, 도미니크, 성모 하복회 등)에 소속된 종교기관은 '수도원'으로 표기했다.
  예) 성모 하복회 소속인 Chiesa della Santissima Annunziata → 산티시마 안눈치아타 수도원으로 표기했다.
 3. ○○○수도원에 부속되어 지어진 교회는 교구의 교회와 구별하기 위해 ○○○ '수도원 성당'으로 표기했다. 단 관용적으로 쓰는 '두오모 성당', '꽃의 성모 마리아 성당'은 예외로 '성당'이란 명칭을 그대로 표기했다.

- Capella는 '고대 로마 시대 묘를 지키는 사제'를 의미하는 단어 Capellanus에서 파생된 것으로, 르네상스 시대에 들어서면 부유한 상인 가문이 선조의 시신을 수도원 지하에 안장하고, 선조의 영혼을 기리는 조그마한 공간을 수도원 성당 내부에 소유하면서 이 공간을 Capella라 불렀다. 영어로는 Chapel이라 한다. 이런 배경을 염두에 두고, Capella를 '예배당'으로 표기했다.

르네상스의 살아 있는 교과서, 피렌체

어느 시대를 막론하고 공동체 구성원들은 일상적인 삶을 살아가는 데 필요한 식량과 상품 등을 제공해주는 자를 지도자로 받아들였다. 더 나아가 성공한 지도자들은 문명의 골격인 거푸집을 손수 설계하고, 당시만 해도 천한 장인 신분에 지나지 않았던 건축가와 조각가를 고용해서 과거에는 생각하지도 못했던 새로운 문명의 모습을 창조해냈다. 레오나르도 다 빈치나 미켈란젤로와 같은 천재 예술가, 그리고 단테나 페트라르카와 같은 시인이 활동하던 르네상스 시대도 예외는 아니다.

이 책에서 필자는 10세기 후반 인구가 채 1만여 명이 넘지 않는, 보잘 것 없는 촌락에 지나지 않았던 피렌체가 어떻게 새로운 르네상스 문명의 발원지가 될 수 있었는지에 대해 살펴보려 한다. 전작 『피렌체의 빛나는 순간』이 메디치 가문을 중심으로 한 피렌체 신흥상인들을 통해 르네상스 예술이 꽃 피우는 과정과 그 이면에 깃든 시대정신에 대해 다뤘다면, 이번 책은 르네상스라는 새로운 시대 속에서 신이 아니라 인간이 중심이 되는 문명이 어떤 골격을 기반으로 형성되었는지에 대해 이야기한다. 지금까지 국내외를 막론하고 르네상스 시대 문명을 다룬 저서들이 제법 나왔지만, 주로 예술작품 감상이나 추상적인 가치에 너무 치우쳐, 르네상스 문명의 겉모습만 보고 있는 듯하다. 감히 경제학자가 이러한 오류를 바로 잡는다기보다는, 지금까지 간과하고 지나쳤던 문명의 거푸집인 경제와 정치라는 관점에서 르네상스 문명의 골격을 좀더 선명하게 드러내보겠다는 의도에서 이 책을 썼다. 경제와 정치는 결국 돈과 권력인데, 인류의 역사 중 어느 시대가 인간의 욕망의 근원인 돈과 권력을 무중력인 상태로 놔둔 적이 있단 말인가?

이 책을 준비하면서 힘이 닿는 대로 가능한 한 많은 자료에 근거하려 했다. 피렌체에는 르네상스 시대의 모든 기록물이 보관된 '국립 기록물보관소(Achivio di Stato di Firenze)'가 있다. 행운이 따라주어서 일반인의 접근이 금지된 기록물 지하서고에서 예술가와 상인 들 사이의 작품 계약서 등, 1100년대 초반부터 피렌체에서 벌어진 크고 작은 사건들을 부드러운 양피지 위에 한 줄 한 줄 기록한 귀중한 자료들을 볼 수 있는 허가까지 받았다.

피렌체가 위치한 토스카나 주의 건설장관인 도메니코 박사$^{Dr.\ Do-menico\ A.\ Valentino}$는 자신이 소유하고 있는 귀중한 자료를 필자에게 건네주었다. 또한 역사에는 정사正史뿐만 아니라, 책과 같은 기록물에는 등장하지 않는 비사秘史들이 교회 내에서 은밀하게 구전되어 오는 경우가 많다. 이러한 자료를 얻기 위해 피렌체 두오모 성당의 수석사제(Padre Alesandro Bicci)를 비롯하여 열 곳의 수도원 원장님들과 개별 면담도 했다. 또 이렇게 64일 동안을 국립 기록물보관소 지하서고에서 책들과 함께 지내는 동시에 성직자들과 면담을 하며 지냈다.

첫 책 이후 이 책이 출간되기까지 3년이 넘게 걸린 것은 이렇게 자료 수집에 시간이 많이 소요되었고, 자료를 정리하는 일도 쉽지 않았기 때문이다. 물론 필자의 게으름도 한몫했음을 고백한다. 우선 독자의 이해를 돕기 위해 몇 가지 간략한 사례를 소개해본다.

르네상스라는 새로운 시대가 막 꽃을 피우기 직전인 1200년대 후반, 인구 3만이 채 안 되는 피렌체는 종교지도자인 피렌체 주교가 세속권력을 함께 갖고 있었다. 당시 주교는 피렌체 외곽에 가장 많은 농지를 보유하고 있어서, 소작료 수입만으로도 엄청난 부를 누리고 있었다. 다른 한편에서는 무역과 환전업(고리대금업)으로 부를 축적한 상인들이 자치정부(Comune)를 세워 자신들의 이익을 지켜나갔다. 말이 자치정부지, 자신들의 상권을 지키는 시민군 정도를 유지하는 정도였다. 이들 상인들은 공동체 삶의 유용한 것들, 예를 들면 의복, 곡물, 화폐와 같은 것을 제공하면서 시민의 지지를 얻었다. 당연히 주교와 주교의 봉신이었던 영주 계층과 상인 사이에 갈등과 폭력이 끊이질 않았다. 격동 혹은 역동이라 불러도 무방할 시기였다.

피렌체에 기근이 심했던 1304년 한 여름에 큰 사건이 일어났다. 상인들이 곡물을 나폴리에서 수입해 싼값에 시민들에게 판매하자, 주교의 수입이 급감했다. 주교의 봉신이었던 영주 계층은 상인들이 운영하는 곡물시장에 불을 질렀다. 상인들은 자신들의 출연금으로 곡물시장을 복원하고, 3층 건물을 세워 1층에 자신들만의 교회를 만들고, 2층과 3층은 곡물창고와 상인들의 동업자 모임인 길드의 사무실로 사용했다.

이 건물이 오늘날 오르산미켈레Orsanmichele라는 교회이며, 이 교회에는 곡물판매 주도권을 놓고 주교와 상인들 사이에 벌어진 갈등의 흔적이 남아 있다. 교회 외벽은 당대 최고의 조각가들이 만든 길드들의 수호성인 조각상으로 장식되어 있는데, 르네상스 조각가의 아버지로 추앙받는 도나텔로, 기베르티, 레오나르도 다 빈치의 스승인 베로키오 등 당대 최고의 조각가들의 작품을 지금 우리가 감상할 수 있는 것도 이러한 시대적 사건이 있었기 때문이다.

시간이 지나면서 공동체에 유용한 수단과 가치들을 지속적으로 제공할 수 있었던 상인계층은 점점 득세했고, 상인계층에 비해 유용한 수단과 가치들을 제공할 수 없는 처지가 된 주교와 주교의 봉신인 영주계층이 누리던 권력은 서서히 쇠락해갔다. 중세 시대 1000년을 지배했던 종교의 신성함은 훼손되고, 종교적 신성을 기반으로 주교가 한때 누렸던 세속권력은 자연스레 상인에게로 넘어갔다. 이렇게 피렌체 세속권력이 주교에서 상인에게 넘어가는 당시 모습이 잘 보존되어 있는 장소가 바로 관광객이 가장 많이 찾는 '꽃의 성모마리아(Santa Maria del Fiore) 성당'이다. '두오모 성당'이라고도 불린다.

이 성당은 현재 피렌체 대성당으로 주교의 교회이지만, 1400년대 초반만 해도 주교의 교회가 아니었다. 현재 두오모 성당이 있던 자리에 있었던 '산타 레파라타 성당Chiesa di Santa Reparata'이라 불린 자그마한 교회가 주교의 교회였다. 피렌체 세속권력을 장악했던 상인들의 정부는 주교의 권력을 약화시키기 위해 주교의 교회였던 산타 레파라타 성당을 허물고, 그 위에 현재의 모습을 지닌 두오모 성당을 신축했다. 상인들이 세운 정부는 이 새로운 성당을 종교적 중심지이자 시민 정신의

의 발현 장소로 탈바꿈시켰다. 그래서 이 성당 내부로 들어서면 특정 성직자를 칭송하는 작품은 많지 않고, 오히려 피렌체를 영광스럽게 한 단테나, 위기에서 피렌체를 지켜준 용병대장들의 그림으로 장식되어 있다. 두오모 성당은 겉으로 보면 화려해 보이지만, 막강한 세속권력을 누리던 주교가 상인들에 의해 타이타닉 호처럼 침몰한 운명이 새겨져 있는 역사적 현장이다.

오늘날까지 피렌체에 잘 보존되어 있는 르네상스 건축물과 조각 작품에는 돈과 권력에 의해 르네상스 시대가 새로이 깨어나고 창조되는 문명의 역사가 그대로 기록되어 있다. 그래서 피렌체에 가면 르네상스 문명의 진행 과정을 굳이 글로 읽거나 외울 필요 없이 눈으로 보고 손으로 만져볼 수 있다. 이제 필자와 함께 르네상스 시대의 건축물과 조각 작품을 감상하면서, 중세 1000년의 암흑 시대라는 긴 터널을 지나 르네상스라는 새로운 문명이 어떻게 전개되어가는지 그 참모습을 찾아가보자.

2017년 3월
성제환

밀라노공화국

밀라노

베네치아공화국

베네치아

만토바

페라라

제노바

피렌체

피렌체공화국

아드리아해

교황령

로마

나폴리

나폴리왕국

티레니아해

시칠리아 섬

1200년대 후반 이탈리아 지도.

1200년대 후반 르네상스 시대가 본격적으로 발흥되기 전 이탈리아 반도는 밀라노, 베네치아, 나폴리, 로마, 그리고 피렌체를 중심으로 도시국가가 형성되기 시작했다. 나폴리왕국과 밀라노공국은 신성로마제국의 영향력 아래 있었지만, 피렌체공화국은 신성로마제국과 교황 사이에서 갈등을 겪고 있었다. 한편 비잔틴제국 및 동방과 교역을 하던 베네치아공화국은 교황과 신성로마제국 황제의 영향으로부터 비교적 자유로웠다.

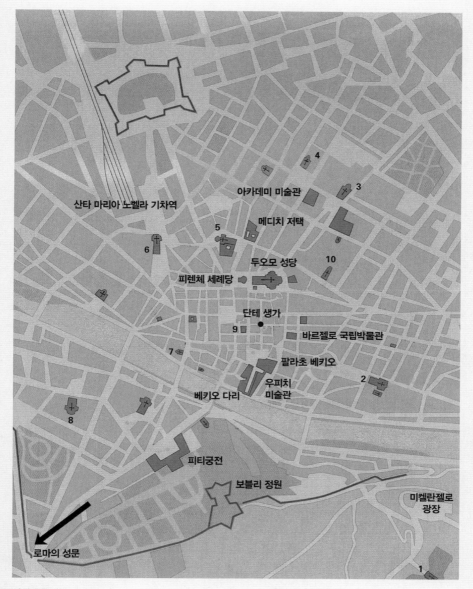

로마의 성문

아카데미 미술관

메디치 저택

산타 마리아 노벨라 기차역

두오모 성당

피렌체 세례당

단테 생가

바르젤로 국립박물관

팔라초 베키오

베키오 다리

우피치 미술관

피티궁전

보블리 정원

미켈란젤로 광장

피렌체 중심부 지도.

1. 산 미니아토 알 몬테 수도원
2. 산타 크로체 수도원
3. 산티시마 안눈치아타 수도원
4. 산 마르코 수도원
5. 산 로렌초 교회
6. 산타 마리아 노벨라 수도원
7. 산타 트리니타 수도원
8. 산타 마리아 델 카르멜 수도원
9. 오르산미켈레 교회
10. 산타 마리아 누오바 병원 부속 예배당

"지금 네 안에 사는 자들은 싸움이 끊이지 않으니,
성벽과 웅덩이에 둘러싸여 서로가 서로를 물어뜯는구나!"

— 단테 알리기에리, 『신곡』[1]

역사

주교와 토착귀족의 시대
1200년대 중반까지

프란체스코,
도미니크 수도사
피렌체 입성
1200년대 초반

건축

◄ 산 미니아토 알 몬테 수도원
1014년

조각

◄ 성 미니아토
봉헌 성소

회화

〈온 세계의
지배자로서 예수〉
1240년

◄ 〈성 미니아토의
초상과 일대기〉
1240년

예술가·학자

▶ 치마부에
(1240~1302년)

첫째 날

피렌체에 남겨진 중세의 흔적
(1014~1302)

최초의 자치정부 수립
1250년

십자군 전쟁 종결
1272년

상인들의 정부 수립
1293년

최초의 자치정부 청사
(바르젤로 국립박물관)
1250년

피렌체를 지배한
총독들의 문장
(바르젤로 국립박물관)

막달레나 마리아 예배당
(바르젤로 국립박물관 2층)

'단테의 초상'
〈천국〉의 일부
막달레나 마리아 예배당

조토 디 본도네
(1266~1337년)

단테 알리기에리
(1265~1321년)

오늘날 피렌체는 르네상스 시대 천재 예술가의 작품으로 화려하게 장식되어 있는 도시지만, 고대 로마 시대에는 북유럽으로 이어지는 군사 도로를 지키기 위해 건설된 요새일 뿐이었다(기원전 59년). 크기도 작아 동서남북으로 각각 1.6킬로미터가 채 되지 않았는데 전설에 의하면 줄리어스 시저가 성벽을 쌓고 도시 건설의 초석을 놓았다고 한다.[2] 목재로 지은 집들이 대부분인 자그마한 촌락과 다름없었지만 이름만큼은 '번성하는 도시'라는 의미를 가진 플로렌티아Florentia로 불렸다.

11세기 초반, 군사 도로 덕분에 피렌체는 교통의 요충지가 되었고 유럽에서 가장 번성한 상업 도시로 발달하게 된다. 자연스레 인구도 점차 늘어나, 무려 4만 5000여 명에 이르게 된다. 당시 파리의 인구보다는 적지만 런던보다는 많았다. 이렇게 피렌체가 갑작스럽게 성장하는 과정에서 권력을 둘러싸고 교회에서는 성직자들, 길거리에서는 귀족들

바사리(Giorgio Vasari)와 스트라다노(Giovanni Stradano), 〈피렌체의 건설〉, 1563~1565. 팔라초 베키오 시청사 2층 대회의실 벽면. 왼편에 월계수관을 쓰고 있는 세 명은 로마 제2차 삼두정치의 주역인 아우구스투스, 레피두스, 안토니우스 장군이다.

사이에 갈등이 끊이질 않았다. 높은 탑 위에서 지나가는 반대파 사람들에게 돌을 던지고, 길거리에서 만나면 서로 칼을 휘두르는 사건이 다반사였다. 르네상스 이전의 피렌체는 중세 다른 유럽 도시와 마찬가지로 무질서의 전형적인 양상을 보여주었다.

　이 혼란의 시기, 피렌체에서 가장 부자는 바로 주교였다. 교회에서 들어오는 십일조, 도심의 상점에서 거두어들이는 임대료, 농지 임대료, 그리고 상품 거래에 부과되는 세금의 수입 등이 모두 주교의 몫이었다.[3] 피렌체 토착귀족 또한 주교가 공석일 때마다 주교의 재산을 관리하면서 엄청난 부를 축적했다. 이들의 횡포가 얼마나 심했던지, 단테는 "교회가 공석일 때마다 고위성직자 회의에 참석하여 살이 찌는 자들"[4]이라고 비난하고 있다. 토착귀족은 사병을 거느리고 주교의 신변을 보호하는 중세 기사騎射 역할도 수행했다. 주교는 영적 지도자인 동시에 기사를 거느리며 세속 세계를 다스리는 지도자였던 셈이다.

하지만 1200년대 중반에 이르면 상업이 발전하면서 토지를 기반으로 피렌체의 주인 행세를 하던 주교와 토착귀족은 점차 경제력을 잃어갔다. 그 빈 공간을 무역과 대부업으로 돈을 번 신흥상인들이 차지하게 되고, 이들은 격동의 시기를 겪으면서 자신의 정부를 세우고 르네상스라는 새로운 시대의 초석을 놓기 시작한다. 그러니 피렌체에서 르네상스를 만들어낸 욕망을 따라가는 첫번째 답사는 중세 시대 주교의 탐욕의 흔적이 고스란히 보존되어 있는 산 미니아토 알 몬테 수도원과 신흥상인이 세운 최초의 자치정부 모습이 남아 있는 바르젤로 국립박물관에서 시작하는 것이 좋겠다.

Bascilica di San Miniato al Monte

산 미니아토 알 몬테 수도원

중세 주교의 탐욕

피렌체의 관문 산타 마리아 노벨라 기차역 광장에서 12번 버스를 올라타고 20여 분 정도 가면, 미켈란젤로의 〈다비드〉 청동 조각상이 있는 미켈란젤로 광장에 손쉽게 다다를 수 있다. 이곳 광장에 오르면, 약 700년 전 르네상스 시대에 건축된 피렌체 시내의 전경이 한눈에 들어온다. 주홍빛 지붕에 사암으로 지어진 저택과 종탑 들, 벽돌을 정성스럽게 한 겹 한 겹 쌓아올린 두오모 성당의 둥근 돔과 뾰쪽한 첨탑, 은빛 아르노 강을 가로지르는 베키오 다리 등, 그야말로 한 폭의 그림을 감상하는 것 같다. 그래서 이 광장은 피렌체 전경을 담으려는 관광객들로 항상 만원이다.

미켈란젤로 광장에서 피렌체 전경을 눈에 담아두고, 왔던 길을 되돌아 5분 정도 걸어가면, 왼편 언덕 위에 웅장한 수도원이 눈에 들어온다. 바로 피렌체에서 가장 오래된 산 미니아토 알 몬테 수도원으로, 르네상스 시대가 시작되기 약 300년 전 피렌체 최고의 종교 지도자이자

미켈란젤로 광장에서 바라본 피렌체 전경. 왼편에 보이는 종탑이 시청사 건물이 있는 팔라초 베키오, 한가운데 붉은색 벽돌로 지은 돔이 있는 건물이 두오모 성당이다. 맞은편에 세례당도 어렴풋이 보인다. 오른쪽 하단에 보이는 교회가 프란체스코 수도사들이 거주하던 산타 크로체 수도원이다. 아르노 강이 도시를 동서로 가로지르고 있는데 햇빛이 비치면 은빛으로 찬란하게 반짝인다.

산 미니아토 알 몬테 수도원 전경. 피렌체 최초의 순교자였던 성 미니아토를 봉헌한 베네딕트 수도회 소속 수도원이다. 한가운데 전면을 대리석으로 장식한 교회가 이 수도원의 성당이다. 그 왼편에 있는 종탑은 미켈란젤로가 피렌체를 적으로부터 보호하기 위해 매트리스로 종탑을 쌓았다는 일화로 유명하다. 성당 오른쪽에 사암으로 지은 3층 건물은 피렌체 주교의 여름 별장이라고 하지만 사실은 위기가 닥칠 때 주교가 피신하던 성채다.

권력자였던 피렌체 주교의 탐욕의 흔적이 고스란히 보존되어 있는 역사적 명소다. 그 흔적을 찾아볼 수 있는 두 작품은 수도원 성당의 중앙 제단 벽면을 장식한 모자이크 작품과 이 수도원의 수호성인인 성 미니아토San Miniato의 유골을 모셔놓은 지하 예배당이다.

피렌체에 숨은 중세의 보석

산 미니아토 알 몬테 수도원은 명칭 그대로 '언덕 위(al monte)에 순교자 성 미니아토를 봉헌한 수도원'이라는 의미이다. 이곳에서 만난 수도사 톨로메이Tolomei의 이야기에 의하면, 이 수도원은 피렌체 주교였던 힐데브란트Iilderbrand의 후원으로 1014년에 착공되어 1200년대 후반에 완공되었다고 한다. 시리아 지역 출신으로 왕자였던 성 미니아토는 피렌체가 로마 황제의 지배를 받던 시절, 기독교도라는 이유로 목이 잘리는 순교를 당했다(250년). 이 순교자는 자신의 잘린 목을 붙들고 현재 수도원이 있는 언덕까지 올라와 숨을 거두었다고 한다.[5] 교황청의 베드로 성당이 순교자 사도 베드로의 유골 위에 지어져 신성한 장소가 되었듯이, 피렌체 주교는 피렌체 최초 순교자의 유골 위에 성스러운 수도원을 지을 계획을 세웠다. 톨로메이 수도사는 "피렌체 최초의 순교자를 기리기 위해 저 멀리 카라라 광산에서 흰색 대리석을, 프라토 광산에서 푸른색 대리석을 운반해 수도원 전면(facade)을 기하학적 문양으로 장식했다"며 수도원의 유래를 설명했다. 이 수도사의 이야기를 한참 듣다보니, 나도 모르게 이 수도원이 순수한 신앙의 힘에 의해 세워진 것처럼 느껴졌다. 하지만 이 수도원은 당시 피렌체에

산 미니아토 알 몬테 수도원의 톨로
메이 수도사.

카센티노(Jacopo di Casentino),
〈성 미니아토의 초상과 일대기〉,
1320년 경. 여덟 개 장면으로 그려
진 성인의 일대기는 로마 군인의 개
종하라는 압력을 거부하고 이들로
부터 고문당하고 순교하는 장면들
로 이루어져 있다. 산 미니아토 알
몬테 수도원 성당.

서 최고의 권력자인 주교가 흔들리는 자신의 권력 기반을 강화하려는 목적에서 세운 것이다.

　중세가 저물어가던 시기에 성직자들이 기적을 행한다 믿었던 성인의 유골을 봉헌하는 수도원을 세워, 영적 지도자로서 자신의 위상을 신성화하고, 그 종교적 신성을 바탕으로 세속권력을 강화하려는 일이 빈번히 일어났다. 이 수도원도 예외는 아니다.

수도원을 권력의 교두보로 활용하다

　이 수도원이 지어지던 1000년대 초반, 피렌체 주교들은 종교적 신성함으로 재판권을 행사하던 최고의 권력자였다. 당시의 주교는 성직자라기보다 피렌체와 주변 농촌 지역을 다스리는 총독이자 영주였다. 그래서 피렌체 주교들은 쉽게 세속적으로 변해갔다. 사제의 결혼이 금지되었던 당시에, 피렌체 주교 힐데브란트는 부인 및 네 명의 아들과 함께 주교 관저에서 지냈고, 사제직도 돈을 받고 파는 등, 부패한 행태를 보였다.

　주교의 부패한 행동을 평소 못마땅하게 여기고 있던 개혁적인 수도사들(엄격 베네딕트 수도회 소속)이 어느 날 주교의 관저를 방문했을 때, 예기치 못한 사건이 일어났다. 주교 옆에 앉아 있던 부인 알베르가 Alberga가 갑자기 나서서, "당신이 가지고 온 안건에 대해 주교께서 사제들의 조언을 받지 못했으니, 회의를 열어 다시 알려주겠다"라고 하자, 발끈한 수도원장은 "신의 숭배를 거부한 사악한 독재자여, 네가 감히 신성한 성직자들의 회의에서 입을 놀리느냐! 너는 불에 타는 형벌을 받게 될 것이다!"라고 소리치며 자리를 박차고 일어났다.[6] 이들 수도사들은 교황에게 주교를 처벌해달라는 청원을 했고, 교황은 수도사들이 머물던 피렌체 교외의 산 살바토레 디 세티모San Salvatore di Settimo 수도원을 주교에게서 박탈하여 교황 직할 수도원으로 변경해주었다.[7]

주교가 누리던 종교권력은 점차 반쪽이 되어갔다. 이대로 가면 개혁파 수도회에 동조하는 성직자들이 더 늘어날 것 같자 주교는 전략을 세웠다. 피렌체 최초의 순교자로 당시 피렌체 성직자들이 예수를 따른 12제자 다음으로 성스럽게 여기던 성 미니아토를 봉헌하는 수도원을 지어 영적 지도자로서 자신의 신성을 높이려한 것이다. 수도원을 신축하려면 돈이 필요했는데, 당시 교황의 세력 확장을 경계하던 독일 황제로부터 손쉽게 후원을 받을 수 있었다.[8] 주교는 이렇게 이해관계에 따라 독일 황제의 편에 서기도 하고, 교황의 편에 서기도 했다.

세속권력의 방패막이가 된 피렌체 최초 순교자의 유골

주교는 서둘러 건물도 완성되기 전에 자신에게 충성을 맹세한 베네딕트 수도회의 수도사 드라고Drago를 수도원장으로 임명하고, 수도사들을 총동원해 흩어져 있던 성 미니아토의 유골부터 찾도록 했다. 그리고 구두로 전해져오던 순교 장면을 책으로 기록하라고 명령했다.[9] 유골도 찾고 신화도 지어냈다. 수호성인을 봉헌하는 예배당을 짓고, 이 수도원을 주교의 수도원으로 만드니 주교의 영적 지도력은 자연스레 강화되었다. 중세 시대 수도원들은 대개 이러한 목적으로 설립되었다. 한번 수도원을 세우면 주변의 토지는 평신도들의 기부로 수도원의 소

산 미니아토 알 몬테 수도원
성당 내부 전경.

유가 되었고, 수도원의 부는 점차 많아졌다. 수도원을 조직하지 않으면
권력이 약해지고, 조직하면 물질적 필요에 의해 타락하는 상황이, 중세
가 저물어가던 시기 영적 과업의 골칫거리이자 비극이었다.

　산 미니아토 알 몬테 수도원 성당 내부로 들어서자마자, 영롱한 빛
을 발하는 거대한 반원형 모자이크 장식에 압도되어 경건해진다. 모자
이크로 장식된 이곳이 수도사들이 성체성사를 행하고 미사를 드리는
중앙제단이다. 이 중앙제단 옆에 난 계단을 따라 조금 내려가면, 철문

성 미니아토 유골을 봉헌한 지하 성소. 정면에 있는 대리석으로 제작된 제단에 유골이 보관되어 있다. 로마 시대 피렌체 외곽에 있던 신전의 기둥 서른여덟 개를 높은 언덕까지 운반해와 아치를 받치는 기둥으로 썼다.

으로 입구를 막아놓은 예배당이 보이는데, 이 예배당이 바로 이 수도 원의 수호성인 성 미니아토의 유골을 봉헌한 성소이다. 가까이 다가가 서 들여다보면 유골을 보관해놓은 보관함도 눈에 띈다.

이 예배당 천장을 지탱하고 있는 서른여덟 개의 대리석 기둥은 피렌 체 외곽에 있던 고대 로마 시대 신전의 기둥을 이 높은 언덕으로 옮겨 온 것이라 하니, 그 공사가 대단했으리라 짐작만 할 뿐이다. 톨로메이 수도사가 자랑할 만하다. 예배당 바닥을 장식하고 있는 대리석 판에 새긴 십자가도 서방 교회에서 사용하는 직사각형이 아닌 동방 교회에 서 사용하는 정방형 십자가인데, 이는 순교자 성 미니아토가 동방 지역인 시리아 출신이기 때문이다. 이렇게 주교는 봉헌된 순교자로부터 나오는 신성을 배경으로 세속권력을 강화할 수 있었다.

가난한 피렌체 시민들에게 구원의 희망을 전해준 모자이크 작품

이 수도원 성당의 동쪽 끝에 위치한 중앙제단 위 반원형 벽면은 멀리서 보면 프레스코 벽화처럼 보이지만, 가까이서 보면 조그만 타일 하나하나에 색을 입히고 그 위에 에나멜 칠을 한 모자이크 작품임을 알게 된다. 작품이 제작된 연대는 정확히 알 수 없지만 대략 1260년대 후반으로 여겨진다. 피렌체 어딜 가도 이만한 작품을 감상하는 행운을 맛보기가 쉽지 않다. 작품 곳곳에는 우리에게 익숙하지 않은 동식물의 형상이 있다. 성경 내용을 알레고리 형식으로 표현한 것이다.

먼저 작품 전면에는 예수 그리스도가 천상의 왕국 지배자로 옥좌에 앉아 있고, 왼편에는 성모, 그리고 오른편에는 이 수도원의 수호성인 성 미니아토가 자리잡고 있다. 예수 형상 위쪽의 하얀 비둘기는 성부와 성자를 연결하는 성령을 상징한다. 독수리, 사자, 황소는 복음서 저자들을 알레고리화한 형상이다. 독수리는 요한, 사자는 마가, 황소는 누가, 성 미니아토 앞에 책을 들고 있는 이는 마태를 상징한다. 그리고 왼편에 그려진 시리아 야자나무와 공작새는 부활을, 오른편에 그려진 불사조와 펠리컨은 예수의 희생으로 인간의 영혼을 구함을 뜻한다. 마지막으로 작품 제일 위쪽의 대리석 양면에 상감 형태로 묘사된 촛대는 기독교 왕국의 신성함을 상징하고 항아리는 영혼의 보관함이라 본다.[10] 이 작품은 알레고리를 통해 전지전능한 예수가 인간의 영혼을 구

가도 가디(Gaddo Gaddi), 〈온 세계의 지배자로서 예수〉, 1260년대(?). 수도원에서 가장 성스럽게 여기는 중앙제단 위 반원형 벽면을 장식한 모자이크 작품이다. 피렌체 어딜 가보아도 이만큼 정교하고 화려하게 제작된 모자이크 작품을 발견하기 어렵다.

한 신의 왕국, 천상의 예루살렘을 수도원에 재현하려 한 것이다. 그렇다면 이 수도원을 천상의 예루살렘으로 재현하려던 주교와 수도사의 정치적 의도는 무엇이었을까?

당시 피렌체의 평범한 시민이나 이민자 들은 대부분 영국이나 스페인 등지에서 수입해온 양모를 아르노 강에서 세탁하고 빗질하여 양모 공장에 넘기는 것과 같은 육체노동으로 생계를 유지했다. 해가 지면 고단하고 지친 몸을 이끌고 집으로 향하면서 이 높은 언덕에 지어진 수도원을 향해 기도를 올리곤 했다. 주교는 고단한 시민들이 이 수도원을 예수가 지배하는 '천상의 예루살렘'으로 여기도록 재현하고자 했다. 이 모자이크 작품이 후대에 〈온 세계의 지배자로서 예수Christ the Pantocrator〉라 불리는 것도 이러한 신앙적 배경에서 온 것이다. 피렌체 시민들에게 이 수도원은 구원의 희망이었고, 이 수도원으로부터 나오는 신성함으로 주교의 위상은 강력해질 수 있었다.

이렇게 이 수도원은 피렌체 시민에게는 영적 구원과 희망을 주는 신앙의 보금자리였고, 당시 최고의 권력자였던 주교에게는 신성으로 피렌체 권력을 장악하려는 수단이었다. 그래서 이 수도원을 장식한 예술작품은 순수하게 신앙적이면서도 세속적이다. 르네상스라는 새로운 시대를 꽃 피우기 직전인 중세 피렌체 예술작품의 이중성이라 하겠다.

주교의 탐욕으로 야기된 피렌체 사회의 당파 싸움

피렌체 주교의 탐욕으로 피렌체 사회는 갈등의 늪에 깊숙하게 빠져들고 만다. 교황의 후원을 받는 개혁적인 수도회가 주교에게 도전하자, 주교는 교황이 아닌 독일 황제에게 충성을 맹세하는 성직자로 변신했다. 그러자 예전부터 독일 황제의 보호를 받아가며 자신의 영지를 다스리던 농촌의 토착귀족들(magnati)도 주교의 손을 잡았다.[11] 사병을 거느린 이들 토착귀족은 주교의 신변을 보호하기 위해 주교의 관저가 위치한 피렌체 도심의 두오모 광장에 자신들의 저택을 짓고, 주교가 소유한 토지와 재산을 관리하며 부를 늘려갔다.

이러한 전환점이 바로 피렌체 토착귀족이 도심에 자리잡게 되는 배경이다. 독일 황제를 따르던 주교와 이들 토착귀족을 황제파(Ghibel-lini)라 부른다. 한편 평소 주교로부터 소외당해온 또다른 토착가문들이 개혁적인 수도사들에게 수도원을 지어주고 토지를 기부하면서 자신의 편으로 끌어들이자 교황은 이들에게 지지를 보내게 되는데, 이들을 교황파(Guelfi)라 한다. 이후부터 피렌체는 황제파와 교황파로 분열되어 지독한 당파 싸움에 휘말린다.[12]

산 미니아토 알 몬테 수도원은 주교가 추락해가는 자신의 세속권력을 강화하기 위해 피렌체 시민들이 신성하게 여기던 수호성인을 봉헌하여 세운 교회이다. 그 신성함에 시민들은 복종했고, 주교는 세속권력을 장악할 수 있었다. 하지만 주교가 신성을 이용해 자신의 세속권력을 강화하려는 과정에서 피렌체 사회는 황제파, 교황파, 신흥상인의 3파전이라는 지독한 당파 싸움에 빠져든다. 하지만 혼돈의 물줄기가 한차례 휩쓸고 간 후에는 항상 새로운 침전물이 남기 마련이다. 새로운 침전물이란 바로 신흥상인들이 처음 세운 자치정부다. 시청사는 당시 피렌체의 복잡한 정치 파노라마를 그대로 엿볼 수 있는 건물로, 오늘날에는 바르젤로 국립박물관으로 불린다.

르네상스 이전 피렌체의 정치 파벌

- 황제파→주교 + 주교의 재산을 관리하는 가문(비스도미니Visdomini, 토싱기Tosin-ghi 가문)
- 교황파→개혁적 수도사 + 개혁 수도사들을 후원하는 가문(카돌린기Cadolingi, 구이디Guidi가문)

Museo Nationale del Bargello
바르젤로 국립박물관
신흥상인이 세운 자치정부의 흔적

1865년 피렌체에서는 불멸의 명작 『신곡』의 저자인 단테 탄생 600주년을 기념하기 위해 르네상스 시대 유명 조각가의 작품을 한곳에 모아 전시하는 성대한 행사가 열렸다.[13] 이 전시장이 오늘날 바르젤로 국립박물관이라 불리는 관광 명소다. 이 박물관은 두오모 성당에서 프로콘솔로 길(via del proconsolo)을 따라 걸으면 5분도 채 걸리지 않는 도심 한복판에 있다. 중세 시대 건축 양식으로 지어진 3층 벽돌 건물로, 외관만 보면 우중충해 보이지만 내부에는 도나텔로Donatello, 1386~1466의 〈다비드〉, 미켈란젤로의 〈바쿠스 신〉 등 유명 조각가의 작품으로 꽉 들어찬 르네상스 박물관 3대 보고 중 하나다.

도나텔로와 미켈란젤로의 작품을 보기 위해 잔뜩 기대를 하고 박물관 입구로 들어선 관광객들은 건물 벽면에 빼곡하게 장식된 생소한 문장紋章들 때문에 이곳이 공동묘지였나 하는 의문을 품기도 한다. 하지만 이 문장에는 신흥상인이 교황과 한몸이 되어 독일 황제를 추종하던

피렌체 광장에 위치한 바르젤로 국립박물관의 전경. 원래는 중세 시대에 피렌체 치안을 유지하던 총독의 관저와 신흥상인이 세운 자치정부 본부로 쓰이던 건물이었다. 이후 자치정부가 팔라초 베키오로 이전하면서, 총독의 관저는 재판부 및 바르젤로라 불리는 감옥으로 사용되었다. 1865년부터 도나텔로와 미켈란젤로 같은 유명 조각가의 조각품을 전시하는 국립박물관으로 사용되고 있다. 미켈란젤로, 도나텔로, 베로키오 등의 조각 작품을 전시하는 총 아홉 개의 전시관으로 구성되어 있다.

바르젤로 국립박물관 안뜰 건물 외벽에 조각된 문장들. 공화정부가 들어서기 이전에 피렌체를 다스리던 총독들의 문장이다.

토착귀족들을 추방하고 새로운 정부를 세워가는 과정이 그대로 기록되어 있다. 피렌체 어디를 둘러봐도 이 건물만큼 르네상스라는 새로운 시대가 꽃 피우기 직전에 벌어진 정치적 파노라마를 고스란히 간직한 장소도 없다. 건물 자체가 한편의 역사서로 생각될 정도다.

상인과 교황, 토착귀족을 몰아내고 새로운 세상을 열다(제1차 자치정부)

피렌체 종교계가 교황파와 황제파로 분열되면서 피렌체 토착귀족도 두 파벌로 나뉘어 싸움을 계속했다. 어느 날 피렌체 귀족들이 모여 파티를 하다가 접시를 던지는 등, 귀족들 사이에 싸움이 일어났다(1216년). 피렌체 원로들은 화해를 할 목적으로 교황파 가문의 아들(부온델몬테Buondelmonte 가문)과 황제파 가문의 딸(아미데이Amidei 가문)을 결혼시키기로 결정했다. 그러나 기사도를 중시하던 당시에, 결투가 아니고 결혼으로 분쟁을 해결하는 것을 수치스럽게 여긴 신랑이 결혼식장에 나타나지 않았다. 배신감으로 분노에 찬 신부측 가문 사람들이 다리를 건너던 신랑을 발견하곤 말에서 끌어내려 살해한다. 이 사건이 발단이 되어 피렌체는 지독한 당파 싸움에 빠져든다. 그래서 단테는 『신곡』에서 이 사건을 일으킨 가문 모두를 얼굴이 갈라지고 목이 잘리는 등, 온몸이 찢어지는 고통을 당하는 지옥에 쳐넣고, "토스카나 사람들에게 악의 씨가 되었지!"라고 비탄했다.[14]

이러한 폭력 상황을 염려한 원로들은 토착귀족 사이에 벌어지는 폭력을 해결할 공정한 사법관을 다른 도시에서 모셔오기로 했다. 이 사법관은 '포데스타Capitano del Podesta'라고 불렸다(여기선 '총독'이라 부르기로 하자).[15] 아직 총독을 위한 청사가 마련되지 않아 총독은 수행원과 함께 원로 토착귀족이 제공하는 저택에서 머물렀다. 하지만 황제파와 교황파로 나뉘어 싸우는 상황은 계속되었다.

마침 피렌체 주교와 황제파 토착귀족에 비해 열세였던 신흥상인에게 기회가 왔다. 한 점성술사의 예언이 들어맞기라도 하듯이 독일 황제(하인리히 2세)가 말라리아로 갑자기 사망한 것이다. 이때 교황이 대부업을 하던 신흥상인들 편으로 적극적으로 돌아섰다. 그런데 왜 교황이 갑자기 대부업자이던 신흥상인과 한몸이 되었을까? 이 시기에 십자군 전쟁으로 재정이 궁핍해진 교황은 피렌체 교회로부터 막대한 세금을 거두었는데, 현금이 부족했던 피렌체 교회는 대부업을 하던 신흥상인으로부터 담보를 제공하고 돈을 빌렸다. 만약 교황이 이를 그대로 방치하면 피렌체 교회는 교황이 아니라 신흥상인의 손에서 좌지우지될 뻔했다. 그래서 교황은 하는 수 없이 대부업으로 부를 축적한 신흥상인과 한편이 된다. 교황의 후원을 받게 되자 지지기반이 단단해졌다고 생각한 신흥상인은 독일 황제의 봉신 노릇을 하던 토착귀족들을 추방하고, 자치정부를 세웠다(제1차 자치정부Il Primo Popolo).[16] 시민들은 '시민 만세(Viva il Popolo!)'를 외치며, 자신들의 자치정부를 상징하는 하얀색 바탕에 붉은색 백합이 그려진 깃발을 들고 거리를 누볐다. 이때가 1250년으로, 200여 년 동안 피렌체를 통치해오던 주교도 두 손을 들 수밖에 없었다(1000년대 전에는 마틸다 백작이 토스카나 지역과 피렌체를 동시에 다스리고 있었다).

신흥상인은 자신들의 군대를 조직하고 군대를 지휘할 책임자로 '시민군 사령관(Capitano del Popolo)'을 임명했다.[17] 사령관은 토착귀족의 폭력으로부터 상인의 이익을 보호하는 임무를 주로 맡았다. 자치정부는 먼저 자신의 정치적 근거지를 마련하기 위해 시민군 사령관이 머무를 청사부터 짓기로 했다. 이러한 배경에서 오늘날 바르젤로 국립박물관이 탄생했다. 당시에는 오늘날처럼 3층 건물이 아니라 쌍둥이 2층 건물이었으며, '바르젤로'로 불리지 않고 한쪽은 총독 관저, 다른 한쪽은 '시민군 사령관 청사(Palazzo del Popolo)'라 불렸다.[18] 하지만 이 시기에 신흥상인이 세운 자치정부만으로는 경제적 후원과 결혼으로 오래전부터 피렌체 사회 구석구석에 영향력을 가졌던 토착귀족의 세력을 완전히 제거하기에 역부족이었다.

상인의 연합체 길드가 새로운 세상을 다시 열다(제2차 자치정부)

추운 겨울날, 유력 가문 부인의 장례식이 피렌체 도심의 교회 앞 산타 트리니타Santa Trinita 광장에서 엄숙하게 열리고 있었다. 피렌체 각지에서 많은 사람들이 참석했다. 일반 시민들은 멍석이 깔린 찬 바닥에 그냥 앉았고, 토착귀족은 편을 갈라 양 옆에 마련된 나무 의자에 앉았다. 장례식 도중에 추위를 느낀 한 시민이 옷매무새를 고치려고 갑자기 자리에서 일어나자, 반대편에 앉아 있던 토착귀족은 이를 공격의 신호로 오인하고 칼을 빼어 들었다. 이들은 거리로 뛰쳐나가 저녁 늦게까지 칼싸움을 벌였다. 1289년 12월에 실제로 일어난 사건이다.[19] 자치정부가 있었지만, 토착귀족은 이렇게 틈만 나면 서로 싸움을 벌였고, 일반 시민은 토착귀족 사이의 싸움에서 속수무책으로 피해를 입고 있었다.

피렌체에서는 12세기 초반부터 부유한 신흥상인과 소규모 상점 주인, 대장장이와 같은 가난한 장인들이 힘을 합해 '길드 연합체(Il Priorato delle Arti)'를 구성하고 있었다. 시간이 지나면서 부를 축적한 길드 연합체는 토착귀족의 폭력과 횡포로부터 상인을 보호하기 위해 군대도 보유했고, 어느 정도 자치권을 행사할 수 있게 되었다. 교황이 신흥상인 편에 서자, 길드 연합체는 자신을 위한 정부를 세웠고, 걸핏하면 폭력으로 해결하려 드는 토착귀족 가문을 공직에 진출할 수 없는 가문으로 지정하는 법(Ordinamenti di Giustizia)을 제정했다.[20] 상인들이 토착귀족을 배제시키고 자신들을 위한 정부의 초석을 놓게 되는 순간이다(제2차 자치정부Il Secondo Popolo, 1293년). 상인이 세운 정부는 토착귀족의 이해관계를 조정하던 총독 제도를 폐지하고 자신들을 보호해온 시민군 사령관이 머무르던 저택과 총독이 머무르던 관저를 통합시켰다. 이러한 배경에서 별도로 분리되어 있던 두 건물을 발코니로 연결했고 오늘날 한 건물처럼 보이는 바르젤로 국립박물관이 탄생했다. 두 건물을 하나로 연결하던 석공들과 이 공사를 바라보던 신흥상인은 새로운 시청사 건립을 보며 새로운 시대가 열리는 희망의 불빛을 보았다.

관광객들은 도나텔로의 작품이 전시되어 있는 2층 전시장에 가기 위해 층계를 따라 무심코 발코니에 오르지만, 이 발코니에는 무역과 대부업으로 부를 축적한 신흥상인이 법을 어기는 토착귀족의 정치적 특권을 박탈하고 상인의 정부를 세운 정치적 승리의 순간이 새겨져 있다. 층계를 한 발짝 한 발짝 오르다보면 르네상스라는 새로운 시대를 열었던 장대한 울림의 박동이 느껴진다.

바르젤로 국립박물관 복원도. 지금은 하나의 건물처럼 보이지만 1200년대 후반까지 쌍둥이 건물이었다. 후에 총독 제도가 폐지되고 자치정부와 공화정부가 통합되면서 쌍둥이 건물은 발코니를 통해 하나로 연결된다.

막달레나 마리아 예배당에 남겨진 프랑스 왕가의 흔적

바르젤로 박물관 2층에 전시된 도나텔로의 조각 작품을 지나 발코니로 연결된 옆 건물로 들어서면, 자그마한 예배당이 자리를 잡고 있다. 이 예배당에 들어가기 위해 항상 긴 줄이 늘어서 있는데 유독 미국인 관광객이 많다. 그 이유에 대한 궁금증은 뒤에 해결하기로 하고 예배당 안으로 먼저 들어가보자.

먼저 이 예배당 왼쪽 벽면을 보면 매춘부로 살다가 속죄하여 구원을 받은 막달레나 마리아의 일대기가 여덟 장면으로 높은 벽면 전체를 장식하고 있는 것이 보인다. 이 시기에 피렌체 교회들은 주로 세례자 요한과 성모마리아를 수호성인으로 봉헌했지, 막달레나 마리아를 봉헌

타데오 가디, 막달레나 마리아 예배당, 1300년대 초반, 바르젤로 국립박물관 2층. 막달레나 마리아의 일대기, 지옥·천국을 주제로 한 벽화로 장식되어 있다. 1300년대 초반 피렌체 정부의 요청에 의해 프랑스에서 파견된 총독의 예배당으로 사용할 목적으로 지어졌다. 프랑스 총독이 물러간 이후에는 사형수들이 마지막 밤을 보내는 기도 장소로 사용되었다.

하지 않았다. 그렇다면 피렌체 시청사였던 이 건물에 어떻게 막달레나 마리아를 봉헌하는 예배당이 들어설 수 있었을까?

당시 피렌체에는 상인의 정부가 수립되었지만, 독일 황제의 침입으로 위기에 처한 적이 여러 번 있었다.[21] 그때마다 피렌체는 프랑스 왕에게 도움을 요청했고, 프랑스 왕은 군대와 총독을 피렌체에 파견했다. 그리고 프랑스 총독과 수행원은 자신들을 위한 예배당을 자신들이 머무르던 시청사 2층에 신축하고, 막달레나 마리아를 봉헌하는 미사를 가졌다. 막달레나 마리아는 프랑스 왕가의 수호성인이기 때문이다.[22] 중세 시대에 권력의 정당성을 찾지 못한 유럽의 왕가들은 이렇게 성인의 유골을 보유함으로써 자신의 권력을 신성시했다. 피렌체를 다스리던 프랑스 총독도 예배당에 막달레나 마리아를 봉헌하면서 자신의 권력을 신성화하려 했다. 이러한 배경에서 오늘날 '막달레나 마리아 예배당Cappella Magdalen'이라 부르는 예배당이 탄생한다.[23]

교수대에서 사라진 토착귀족과 단테의 초상

예배당 입구에 들어서면 제단이 놓인 정면 벽면에 천국이란 주제로 장식해놓은 것이 보인다. 확실하진 않지만, 르네상스의 새로운 문을 연 화가로 칭송받는 조토Giotto di Bondone, 1268?~1337가 가장 아꼈던 제자 타데오 가디Taddeo Gaddi, 1290~1366가 그렸다고 한다. 천사들로 둘러싸인 최후의 심판관들 앞에서 당시 피렌체를 다스리던 프랑스 총독이 무릎을 꿇고 있다. 무릎을 꿇고 있는 총독 바로 옆에 서 있는 자주색 옷을 입고 피렌체 귀족의 모자를 쓴 인물이 바로 『신곡』의 저자 단테다.

단테의 초상. 중앙제단 벽면을 장식한 〈천국〉의 일부. 이 예배당을 후에 감옥으로 사용하면서 벽면 전체를 회칠하는 바람에 단테의 초상이 묻혔다가 1840년 예배당을 복원하면서 다시 모습이 드러났다.

프랑스 총독이 물러간 이후에 이 예배당은 사형수들이 이튿날 아침에 교수대에 오르기 전에 마지막으로 고해성사를 하는 참회의 예배당으로 사용되었다. 바로 그 옆방은 조그마한 창문이 나 있고 여섯 개의 침대와 두 개의 책상만 덩그러니 놓인 감옥이었다.[24] 그러나 법을 어기는 토착귀족이 점차 늘어나 이곳 예배당까지 감옥으로 사용하게 되면서, 벽면이 모두 회벽으로 칠해져 단테의 형상이 안에 묻혔다. 후에 이 사실을 알게 된 한 미국인의 조사와 후원으로 〈천국〉은 복원되게 된다. 그래서 피렌체를 방문하는 미국 관광객은 이 예배당을 꼭 들른다고 한다.[25] 이러한 역사적 사건 때문에 단테 탄생의 600주년을 기념하는 전시회가 이곳에서 열리게 되었던 것이다.

이 예배당에 그려진 막달레나 마리아의 일대기를 순수한 기독교 성화로 감상해도 무관하지만, 피렌체 상인의 정부가 프랑스 왕의 지배하에 있었다는 역사적 사실도 같이 읽어내면 좋지 않을까? 르네상스라는 새로운 시대가 탄생하는 과정에서 프랑스의 흔적을 지울 수는 없다. 또 복원된 단테의 초상화를 보면서 상인들의 정부에 의해 교수대에서 사라진 토착귀족의 영어[囹圄]의 외침에 귀 기울여보는 것도 좋겠다.

영적 권력과 세속권력 사이의 미세한 틈새

상업이 발달하자 무역과 환전업으로 돈을 번 신흥상인은 자신의 이익 단체인 길드의 단합된 세력을 앞세워 자신의 상권을 보호하기 시작했다. 그리고 교황은 자신에게 복종하지 않는 주교를 멀리하고 신흥상인의 편에 섰다. 교황의 지지를 받게 된 신흥상인은 자신의 상업적 활동을 지켜줄 자그마한 자치기구를 조직했다. 이 자치기구가 있었던 청사가 오늘날 바르젤로 국립박물관이라 불리는 건물이다. 후대 역사학자들은 이 자치기구를 자치정부라고 불렀지만, 실은 정부를 운영하는 통치원리도 갖추지 못했고, 이상적 기치도 없는 햇병아리 단체 정도였다. 주교는 햇병아리 자치정부를 크게 염두에 두지 않았다.

하지만 점차 신흥상인의 경제력이 주교의 경제력을 능가하자, 주교가 한몸에 지니고 있던 영적 권력과 세속권력 사이에 미세한 틈이 생기기 시작했다. 그 균열의 틈새에 신흥상인이 세운 햇병아리 자치정부가 조심스럽게 자리를 잡았다. 나무쐐기를 박아놓으면 단단한 화강암도 두 쪽이 나듯이, 자치정부라는 나무쐐기가 제자리를 잡아가자 영적 권력과 세속권력 사이에도 균열의 조짐이 보였다. 이러한 상황이 르네상스라는 새로운 시대가 탄생하기 직전의 모습이다.

신흥상인이 세운 햇병아리 자치정부가 고대 로마 공화정 제도를 본떠 세속 정부의 모습을 갖추어 나가자, 영적 세계와 세속 세계가 확연히 균열되기 시작한다. 이렇게 햇병아리 자치정부에서 공화정 형태를 갖춘 정부로 변해가는 모습이 남아 있는 현장이 바로 '팔라초 베키오 Palazzo Vecchio'라 불리는 시청사와 시청사 앞 '시뇨리아 광장Piazza della Signoria'이다.

미켈란젤로 광장의 숨은 이야기

　많은 관광객들이 피렌체 시 전경을 한눈에 담아두려 미켈란젤로 광장을 찾는다. 광장에 전시된 미켈란젤로의 최대 걸작 〈다비드〉 조각상을 배경으로 사진 한두 장쯤 찍는 것은 피렌체를 방문하는 관광객만이 누리는 호사이다. 하지만 미켈란젤로의 조각상이 진품이 아니라는 설명을 듣고 나면 사람들은 적잖이 실망한다(〈다비드〉 조각상의 기단 상부에 장식된 네 개의 청동 조각상도 본래 미켈란젤로의 작품이지만 〈다비드〉

미켈란젤로 광장의 〈다비드〉 청동
조각상.

조각과 마찬가지로 이 광장에는 모조품이 전시되고 있다). 여기에는 진품이 아니고 모조품이 전시된 사연이 있다.

피렌체가 잠시 이탈리아 수도였던 시기가 있었다(1865~1871년). 자신을 로마제국의 후손이라 굳게 믿고 있는 피렌체 시민들은 자부심을 느꼈고, 이탈리아 수도에 걸맞게 도시를 확장하려는 거대한 계획을 세웠다(Risanamento). 먼저 산 미니아토 알 몬테 수도원과 근처의 산 살바토레 알 몬테 수도원Chiesa di San Salvatore al Monte이 소유한 토지를 강제 수용했다. 피렌체 정부가 교회 소유의 토지를 강제 수용할 수 있었던 것은 로마교황령이 이탈리아왕국에 병합되면서 피렌체에 있던 모든 종교 재산인 토지와 수도원 등이 국유화되었기 때문이다(1867년).

피렌체 정부는, 이렇게 강제 수용한 토지 주변에 커다란 광장을 건설하려는 계획을 세웠다. 하지만 지금 미켈란젤로 광장이 자리잡은 언덕은 지반이 약해 비만 오면 토사가 흘러내리는 위험한 지역이었다. 르네상스 시대에 레오나르도 다빈치가 비가 많이 내리면 이 언덕이 위험하다고 여러 차례 시 당국에 다른 곳으로 이전할 것을 건의했다는 기록도 남아있다. 당시 최고의 건축가이던 주세페 포지Giuseppe Poggi는 언덕의 지반을 강화할 토목 공사를 성공적으로 마쳤다. 그리고 통풍이 잘 되도록 주변 나무들을 벌채하여 오늘날처럼 쾌적한 산책로까지 마련한 것이다. 이런 과정을 거쳐 167미터×143미터의 피렌체에서 가장 넓은 광장이 탄생한다.

그리고 수많은 천재 예술가들을 낳은 도시답게 미켈란젤로의 모든 작품을 전시할 수 있는 박물관을 광장에 건설하려 했다. 대리석 재질이 물러 야외에 전시할 경우 손상될 위험이 있는 〈다비드〉 조각상과 산 로렌초 교회의 메디치 가 영묘를 장식한 대리석 조각상들은 청동으로 다시 제작해 광장에 전시하고, 여기저기 흩어져 있던 미켈란젤로의 작품을 모아 새로 지어질 박물관에 전시할 계획을 세웠다. 하지만 이탈리아의 수도가 갑자기 로마로 옮겨지는 바람에 박물관 건설 계획은 중단되고 만다(1871년). 그래서 그 자리에는 제작중이었던 미켈란젤로의 〈다비드〉 청동 조각상 복제품만이 덩그러니 놓이게 됐다. 대리석으로 조각된 〈다비드〉 진품은 아카데미 미술관Galleria dell'accademia에 가야 볼 수 있다.

피렌체 근대 도시계획 관련 고문서를 보관하고 있는
아르키보 델라 시타Archivo della Citta 관장과
면담(2014. 12. 28.) 녹취 자료 중에서

"피렌체는 땅, 공기, 불과 물 등, 4원소에 이어, 제5원소가 되었다."
— 교황 보니파시오 8세-[1]

역사

피렌체 시청사
팔라초 베키오로 이동
1304년

아비뇽 유수
1309~1377년

건축

산타 크로체 수도원
1294년
프란체스코회
수도사 정착

팔라초 베키오 신축
1304년

조각

팔라초 베키오 현관
1300년대 초반

회화

〈성 모자〉
1309년

예술가·학자

조반니 빌라니
(1267~1348년)

안드레아 오르카냐
(1308~1368년)

둘째 날

피렌체 르네상스 여명기의 모습
(1302~1348)

피렌체 공화국 정부 탄생
1326년

아르노 강 대홍수
1333년

흑사병 창궐
1348년

로자 데이 란치
1304년

오르산미켈레 교회 건축
1337년

리누니치 예배당
1375년

은총의 성모마리아 성소〉
1348년

〈마르조코〉
1418~1420년

〈예수의 막달레나
마리아 방문〉
1375년

〈마르세유의 기적〉
1375년

보카치오
(1313~1375년)

교황과 시민의 지지를 얻은 신흥상인은 자신들의 이익 단체인 길드의 대표를 내세워 세속권력을 행사할 수 있는 공화정 형태의 정부(Signoria)의 모습을 갖추어갔다.[2] 길드 정부는 먼저 길드 대표들 중에서 행정을 담당할 아홉 명의 행정관(priori)을 선출하고, 이들이 외부의 압력과 청탁으로부터 공정성을 확보할 수 있도록 외부와 격리시키기로 결정했다. 그러기 위해서는 행정관들이 임기 동안 머무를 숙소와 반대파의 침입으로부터 청사를 지킬 군대가 머물 수 있는 건물이 필요했다.[3] 오늘날 팔라초 베키오라 불리는 시청사 건물은 이러한 용도로 지어졌다.[4] 건물의 1층은 투박하고 튼튼한 석조로 짓고 꼭대기에 망루와 총안銃眼을 설치한 것은 다 군사적 목적을 고려한 결과다.

　　교회의 종탑 대신 시청사 종탑에서 종소리가 울려 퍼지면, 시민들은 하던 일을 멈추고 시청사 광장으로 모여들었다. 시민들은 광장에 모여 피렌체를 위해 봉사하는 관리를 선출하고, 시청사 2층에서 정부 관리가

시청사가 위치한 시뇨리아 광장. 시청사 건물인 팔라초 베키오 앞에 조각상이 전시되어 있다. 왼편부터 암만나티(Bartolommeo Ammannati)의 〈넵투누스의 분수대〉, 도나텔로의 〈유디트와 홀로페르네스〉 청동 조각상, 미켈란젤로의 〈다비드〉 대리석 조각상, 반디넬리(Baccio Bandinelli)의 〈헤라클레스와 카쿠스〉 대리석 조각상.

큰 소리로 외치는 말에 귀를 기울이곤 했다. 이 광장에서 전쟁터에서 막 돌아온 시민군을 환영하는 행사도 열리고, 군대도 모집했다. 이때부터 시청사 앞 광장은 시뇨리아 광장이라 불렸다. 팔라초 베키오라 불리는 시청사와 시뇨리아 광장은 이렇게 길드 정부의 행정 중심지가 된다.

길드 정부의 요람인 '시뇨리아 복합공간'의 탄생

주교와 토착귀족에 비해 신앙적 지지 기반이 약했던 신흥상인은 기적을 행하는 성모마리아 그림이 있던 곡물시장에 교회를 세우고 이를 길드 정부의 신앙적 기반으로 삼았다. 오르산미켈레라고 불리는 교회다.[5] 지금이야 대리석으로 멋지게 지은 삼층 건물이지만, 당시만 해도 벽돌 기둥 위에 나무로 천정을 얼기설기 얹어놓은, 삼면이 트인 전통시장 건물이었다. 길드 정부 초기에는 길드 정부와 주교·토착귀족 간에 긴장 관계가 유지되고 있었다. 두 세력 사이의 균형을 깨트리고, 길드 정부 편으로 세력의 균형추를 옮겨놓은 주인공은 다름 아닌 교황이었다.

1200년대 중반, 피렌체 주교들은 이단 종교를 처벌하는 데 미온적이어서 피렌체는 이단 종교의 온상이 되어 있었다.[6] 교황은 피렌체를 이단 세력으로부터 구하기 위해 자신에게 충성을 맹세한 프란체스코회 수도사 같은 탁발 수도사들Mendicant Order을 피렌체로 파견했다(1211년).[7] 이들 가난한 수도사들은 주교와 대립하고 있던 부유한 신흥상인들의 후원을 받으며 피렌체 외곽에 수도원을 세우고 정착해갔다. 이 수도사들의 종교적 영향력은 주교와 대등할 정도로 점차 성장했다.

오르산미켈레 교회 전경. 벽감
에는 길드의 수호성인 조각상이
장식되어 있다. 길드 정부의 교
회였다.

산타 크로체 수도원. 1228년 프란체스코 수도사들이 피렌체로 이주해 처음 자리를 잡았던 수도원이
다. 이 수도원이 번성했던 1300년대 중반에는 125명의 수도사들이 거주하고 있었다.

프란체스코 수도사의 신앙적 둥지였던 산타 크로체 수도원Basilica di Santa Croce은 피렌체에서 가장 규모가 큰 수도원으로 거듭났고 그러자 부패한 종교를 개혁하고 가난한 자에게 복음을 전파하려는 다른 탁발 수도사들도 피렌체 외곽에 수도원을 하나둘씩 세우기 시작했다. 이렇게 신흥상인의 후원을 받게 된 이들 탁발 수도사들이 길드 정부를 지지하는 제3의 세력으로 등장했다.

시민들의 관심에서 멀어져가는 주교의 위상

한편 길드 정부의 출현을 못마땅하게 여기던 주교는 반세기 전부터 주교의 관저, 두오모 성당, 그리고 세례당이 자리한 두오모 광장Piazza del Duomo을 자신의 세력 기반으로 삼고 있었다. 주교의 관저는 주교와 주교를 행정적으로 보좌하는 사제들이 머무르던 장소로, 주교의 행정부 역할을 했다. 두오모 성당은 주교의 교회고, 세례자 요한을 봉헌해온 세례당은 주교가 피렌체 시민에게 세례를 주는 유일한 교회로, 이 두 종교기관은 영적 지도자로서 주교의 권위를 강화하는 역할을 했다.

주교가 소유한 농촌의 토지를 대신 관리해주면서 돈벌이를 하던 토착귀족들은 두오모 광장 근처에 자신의 저택을 짓고, 그 위에 세워진 높은 탑에서 침입자들에게 돌과 오물을 던져 공격했다. 주교의 측근에서 돈벌이를 하던 비스도미니 같은 가문은 두오모 성당 바로 옆에 자신의 이름을 딴 교회(Chiesa di San Michele Visdomini)를 세울 정도였는데, 이처럼 두오모 광장을 중심으로 한 두오모 복합공간Duomo Complex은 당시 주교와 주교의 측근에 있던 토착귀족의 신앙적, 세속적 권력의 근거지였다.

고대 로마 문화 부활의 첫번째 몸짓

신흥상인의 경제력이 확대되면서 피렌체 도심의 물리적 공간 역시
주교의 영향력하에 있던 두오모 복합공간과 길드 정부가 관할하는 시
뇨리아 복합공간으로 양분됐다. 이에 따라 두오모 복합공간에서는 자
연스레 신神 중심의 통치 원리와 종교적 가치를 중시했고, 길드 정부의
둥지였던 시뇨리아 복합공간에서는 고대 로마 공화정의 통치를 국가
운영의 원리로 삼았다. 이 과정에서 기독교는 공동체를 다스리는 역할
을 내려놓고, 사후 세계의 구원과 영생을 기원하는 개인 신앙으로서
축소된 역할만을 맡게 된다. 이렇게 개인의 일상을 지배하는 종교와
국가를 다스리는 세속 통치 원리를 분리하는 '이분법적인' 시도가 르
네상스라는 새로운 시대가 막 열리는 여명기의 참모습이다. 흔히들 르
네상스 시대의 특징으로 꼽는 '고대 로마 문화 부활'의 몸짓이 드러나
게 되는 배경이기도 하다. 피렌체에선 그 변화의 한가운데에 시뇨리아
복합공간이라는 물리적 공간이 자리하고 있었다.

	두오모 복합공간	시뇨리아 복합공간
주인공	주교	신흥상인
지지기반	토착귀족, 성당 사제	길드, 탁발 수도사
정치적 공간	주교의 관저	팔라초 베키오
신앙적 공간	두오모 성당, 세례자 요한을 모신 세례당 (피렌체 세례당)	오르산미켈레 교회

| 사후를 위한 공간 (영묘) | 두오모 성당 | 산타 크로체 수도원, 산타 마리아 노벨라 수도원 등 |

흑사병으로 주춤하는 르네상스의 개화

1330년대의 피렌체는 약 9만~10만 명의 사람들로 북적였으며, 인구의 3분의 1이 양모 제조 공장에서 일하고 있을 정도로 경제적으로 번성했다. 상거래에 필요한 서류 작성을 하는 공증인은 500명이 넘었고 이민이 허용되어 외국인 또한 1500명이 넘었다. 외과 의사 60명에, 침대를 1000여 개가 넘게 갖춘 병원이 30여 곳, 약국이 100여 곳일 정도로 문명화된 국제도시였다.[8]

새로운 시대가 꽃을 피우기 직전의 이 국제도시 피렌체는 신흥상인들의 연합체인 길드가 주교의 억압으로부터 벗어나고 고대 로마 공화정의 통치 원리와 이상적 가치를 통해 새 세상을 열어가려는 거대한 열망으로 가득했다. 하지만 서유럽 모든 국가들에게 닥친 흑사병이 피렌체에서도 창궐했고 신의 세계와 인간의 세계를 분리하고자 했던 신흥상인들의 시도는 주춤하는 양상을 띠게 된다(1348년 3월~7월). 흑사병으로 피렌체 인구의 3분의 2가 사망해 생존자는 가까스로 3만 명이 넘었다고 한다. 흑사병을 신의 노여움으로 여긴 피렌체 시민들은 로마 공화정 시대 선조들의 영광스러운 모습은 잠시 잊게 된다. 피렌체의 육체는 훌쩍 성장해 중세를 벗어난 것처럼 보였지만, 영혼과 정신은 신에게 복종하는 신의 도시로 다시 돌아가는 듯했다. 흑사병으로 인간 중심의 시대로 나아가는 것이 잠시 중단되는 이 시기를 나는 르네상스의 여명기(1302~1348)라 부른다.

Palazzo Vecchio

피렌체 시청사 팔라초 베키오

고대 로마 문화 부활의 첫번째 모습

오늘날 피렌체 시청사가 위치한 시뇨리아 광장을 들르면, 미켈란젤로의 〈다비드〉와 반디넬리의 〈헤라클레스와 카쿠스〉 조각상 등, 여러 조각 작품이 전시되어 있어 당시의 광장 또한 무척 화려했을 것으로 상상하지만, 사실은 그렇지 않았다. 시청사가 막 지어지던 1300년대 초반 청사 앞 광장은 돌로 만든 투박한 사자 조각상 하나와 로자 데이 란치Loggia dei Lanzi라 부르는 삼면이 트인 조그마한 야외 건물만 있어서 썰렁한 모습이었다. 지금이야 투박한 사자 조각상이 있던 자리에 르네상스 조각가의 아버지로 칭송받는 도나텔로가 제작한 사자 조각상이 전시된데다 야외 건물 내부는 멋진 조각상들로 채워져 관광 명소가 되었지만, 당시 이 건물은 고위 공직자들이 외국 사절을 맞이하거나, 광장에서 중요한 행사가 열릴 때 고위 공직자들이 비나 따가운 햇볕을 피하는 장소로 사용되었기 때문에 내부는 텅 비어 있었다.[9]

시모네 탈렌티(Simone Talenti), 로자 데이 란치, 1376~1382년. 전면이 탁 트인 이 건물은 시청사 광장에서 중요한 행사가 있을 때 정부 고위관리들이 햇볕이나 비를 피해 앉을 수 있도록 배려한 장소였다. 외국의 대사를 맞이하는 장소로도 쓰였다. 코시모 대공이 권력을 장악한 이후에는 독일군 용병인 근위병들이 대기하던 장소로 쓰였다(1537년). 후에 벤베누토 첼리니(Benvenuto Cellini)의 〈메두사의 목을 벤 페르세우스〉 청동 조각상과 로마에서 가져온 조각 작품들을 전시해놓았다.

'로마의 딸'로 화려하게 부활하려 했던 피렌체

서로마 제국이 멸망한 이후로 서유럽 대부분 국가의 로마제국 유산은 성직자들과 고트족과 같은 야만인들에게 철저히 파괴되었다. 하지만 이탈리아는 로마제국의 유산이 잘 보존되어 있었고, 그중에서도 가장 잘 보존된 지역이 피렌체였다. 지금도 피렌체 도심의 지하를 1미터만 파내려가면 로마제국의 유적이 나온다고 한다. 피렌체 시민은 자신들의 도시를 줄리어스 시저가 창건했다고 믿었고, 자신들 또한 전 세계를 정복한 로마 민족의 후손이라는 자부심이 대단했다. 이러한 역사적 배경에서 새로 출범한 길드 정부는 피렌체를 '로마의 딸'이라 천명했다.[10]

도나텔로, 〈마르조코〉, 1418~1420. 시청사에 전시되어 있는 작품은 모조품이고, 진품은 바르젤로 국립박물관 2층 도나텔로의 방에 있다.

이들 길드 정부가 중세의 특권을 못 잊어하는 토착귀족으로부터 위협을 받을 때마다 가장 중요하게 생각한 이상적 가치는 '시민의 단결과 평등'이었다. 시민과 중산층이 길드 정부의 기반이었기 때문이다. 하지만 국가가 부강하기 위해서는 '시민의 단결과 평등' 같은 정신적인 가치뿐 아니라, 외부의 침입으로부터 공동체를 지켜낼 수 있는 군대도 필요했다. 당시 길드 정부가 군사력을 중시했던 정황이 잘 드러나는 작품이 바로 시뇨리아 광장에 전시되어 있었던 〈마르조코marzocco〉라 불리는 사자 조각상이다. 왜 피렌체 사람들은 이 사자 조각상을 관광객들에게 전혀 생소한 이름인 마르조코라 불렀을까?

이단으로 여겼던 고대 로마 신의 찬란한 부활

시청사 정면을 바라보면, 왼쪽에 한 마리의 사자가 흰 바탕에 백합 문양이 새겨진 방패를 빼앗기지 않으려고 한 발로 굳게 움켜쥐고 있는 형상으로 조각된 작품이 눈에 띈다. 이 작품은 당시 최고의 조각가로 칭송받던 도나텔로의 초기 작품으로, 마르조코라 부른다. 사자가 발로 움켜쥐고 있는 백합 문양이 새겨진 방패는 당시 길드 정부의 이상이었던 공화정의 깃발이어서, 이 조각상을 길드 정부의 수호신으로 이해하는 경우가 종종 있다. 그러나 이 조각상은 피렌체에 잠시 몸을 의탁하고 있던 교황 마르티누스 5세의 숙소가 있는 수도원의 층계를 장식하려고 제작된 작품이다(1418~1420년). 그래서 이 작품은 오늘날처럼 마르조코가 아니라 그냥 '교회의 사자Lione di Chiesa'라고 불렀다.[11]

현재 도나텔로의 〈교회의 사자〉 조각상이 놓인 자리에 원래 있었던 조악한 사자상(1330년대 초반)은 교활한 늑대를 발밑에 움켜쥐고 있다. 당시 피렌체 정부는 늑대를 피렌체를 침공하는 적으로, 그리고 사자를 경계심과 관대함을 동시에 갖춘 이상적인 군대의 상징물로 여겼다. 사자는 잠들 때도 눈을 뜨고 있기 때문에 경계심이 뛰어나고, 여자와 아이들, 그리고 포로는 죽이지 않고 집으로 데려오는 관대함도 지녔다고 생각했기 때문이다. 그래서 당시 시청사에 전시된 사자 조각상을 '광장의 사자Lione di Piazza'라 불렀다.

한편 1360년부터 피렌체 외곽의 도시 시에나는 밀라노와 손을 잡고

전쟁의 신 마르스를 봉헌한 신전의 흔적. 바사리·스트라다노, 〈피렌체의 건설〉, 1563~1565년, 팔라초 베키오 시청사 2층 대회의실 벽면. 피에솔레(Fiesole) 언덕 아래 한가운데 위치한 회색의 팔각형 건물이 마르스에게 봉헌된 신전이다. 이 건물은 11세기 초반부터 '세례자 요한을 모신 세례당'이 되었다. 마르스 신전 바로 뒤에 성벽이 설치되어 있고, 두오모 성당은 당시에는 세워지지 않았다.

피렌체를 계속 침공해오고 있었다. 그때마다 피렌체는 투박한 〈광장의 사자〉가 있는 장소에서 시민군을 모집했고, 모집된 시민군을 고대 로마의 전쟁의 신 '마르스Mars를 따르는 군인'이라는 의미를 가진 '마르조코'라 부르기 시작했다. 기독교가 국교가 아니었던 로마제국 시대에 군사 요새였던 피렌체는 전쟁의 신 마르스에게 봉헌된 도시였기 때문이다.[12] 당시 시청사 전면의 벽 쪽에는 말을 올라타기에 편할 정도의 높이인 연단이 설치되어 있었는데, 돌로 투박스럽게 제작된 〈광장의 사자〉는 이 연단 위에 놓여 있었다. 피렌체 시당국이 연단을 해체하고 시청사 광장에 미켈란젤로의 〈다비드〉 복제품 등 조각 작품들을 전시해 놓는 과정에서 비바람에 마모된 〈광장의 사자〉도 같이 해체되었다(1812년). 대신 〈광장의 사자〉가 놓였던 자리에 산타 마리아 노벨라 수도원의 교황의 숙소를 오르는 층계를 장식하고 있던 도나텔로의 〈교회의 사자〉를 그 자리에 전시해놓았다(1814년). 이 〈교회의 사자〉를 오늘날 전쟁의 신 마르스를 따르는 군인이란 의미를 지닌 마르조코라 부르지만, 엄격히 따져보면 도시를 수호하는 군대의 상징물이었던 마르조코는 아니다. 사자의 형상이야 어찌 되었든, 길드 정부 초기에는 마르조코라 불리는 사자 조각상을 시청사 광장에 전시해놓고, 고대 로마 공화정의 모습을 피렌체에 펼쳐나가려 했다. 피렌체에서 고대 로마 공화정이 부활하는 모습이 예술작품으로 꽃피운 첫번째 사례이다. 오늘날 시청사 광장에 전시된 도나텔로의 사자 조각상을 마르조코로 여기기보다는, 돌로 제작된 사자 조각상이 있었던 장소를 상기시키기 위한 상징적 작품으로 여기면 될 듯하다.

군사 요새처럼 지어진 시청사 건물 1층에는 무기고를 두고 경비병이 주둔했다. 2층은 행정관의 집무실과 시의회 회의실로, 꼭대기 층인 3층은 행정관이 임기 동안 머무르는 숙소로 사용됐다. 이후 여러 정권을 거치면서 내부 장식은 변했지만, 용도에는 큰 변화가 없었으니 시청사를 방문할 때는 이를 염두에 두고 작품을 감상하면 좋을 듯하다. 시청사는 후에 마키아벨리를 이야기할 때쯤 다시 돌아오게 될 것이다.

Chiesa di Orsanmichele

오르산미켈레 교회

르네상스의 여명을 가리운 흑사병

르네상스 여명기에 종교와 곡물 판매 주도권을 둘러싸고 주교와 길드 정부 간에 격렬한 투쟁이 벌어졌던 오르산미켈레 교회는 시청사 광장에서 걸어서 북쪽으로 3분도 채 안 되는 사거리(Via dei Calzaiuoli)에 위치해 찾기도 쉽다. 많은 관광객들이 교회의 외벽을 장식하고 있는 도나텔로나 기베르티Lorenzo Ghiberti와 같은 당대 최고의 조각가의 조각상만을 보고 그냥 지나치지만, 사실 이 교회의 진짜 보석은 교회 1층에 있는 자그마한 예배당에 숨어 있다. 예술 애호가들에게 르네상스 시대의 가장 화려한 작품 한 점을 추천하라고 하면, 주저 없이 이 교회 1층에 있는 예배당의 〈은총의 성모마리아Madonna della Grazie〉 조각과 벽화 〈성 모자〉를 꼽는다. 벽화도 일품이지만, 벽화를 둘러싸고 있는 장식 중 〈성모 승천〉이란 정교한 조각은 아무리 칭찬해도 지나치지 않는다. 그런데 이 교회 내부에는 다른 교회처럼 사제나 수도사 들이 보이지 않는다. 이 교회는 주교나 고위성직자가 아니라, 길드 정부에 의해

둘째 날: 피렌체 르네상스 여명기의 모습

오르카냐(Andrea Orcagna), 〈성모 승천〉 대리석 조각상의 일부. 1349~1350년, 오르산미켈레 교회 1층. 작품 하단에는 성모의 죽음을 애도하는 사도들이 조각되어 있다. 가장 오른쪽 나무 바로 밑에 서 있는 이가 이 작품을 조각한 오르카냐다.

세워진 종교 건축이었기 때문이다.

길드 정부, 평신도회를 앞세워 주교에 맞대응하다

가난한 농민들이 일자리를 찾아 피렌체 도심으로 이주해 오자, 피렌체 시민들은 식량이 부족해 고통을 겪었다. 길드 정부는 양모 공장에서 일하는 근로자와 시민 들에게 곡물을 싼값으로 공급해줘야 자신들의 경제적 기반을 지탱할 수 있는 상황이었다. 이런 와중에 주교는 농민들로부터 소작료로 거두어들인 곡물을 도심에 들여와 높은 가격으로 판매해 폭리를 취하고 있었으니, 길드 정부와 마찰을 빚지 않을 수가 없었다. 길드 정부는 나폴리왕국으로부터 식량을 수입해 곡물 상인들에게 곡물을 값싸게 판매하는 방법으로 주교에 맞섰다.[13] 길드 정부의 후원을 받아 운영되던 곡물시장이 있던 곳이 현재 오르산미켈레 교회가 있는 자리다.

자연스레 가난한 시민과 곡물 상인, 길드 정부는 이 교회를 중심으로 함께 세력을 형성해갔다. 곡물 상인들은 평신도회(La Compagnia dei Laudesi)를 조직해 상권을 보호하기 시작했다.[14] 평신도회 회장은 힘든 하루 일과를 끝낸 상인들이 곡물시장 기둥에 그려진 성모상 앞에 모여 기도하는 일을 주관하기 시작했다. 이듬해 곡물시장 상인들이 봉헌해오던 성모상이 앉은뱅이를 일으켜 세우고 정신이상자를 치료하는 등 기적을 행한다는 소문이 퍼지자, 교황은 이 성모상을 순례지로 지정해주었다(1292년 7월).[15]

그러자 이 평신도회에 가입하려는 신도의 수가 급격히 증가했고, 이탈리아 전역에서 순례자들이 몰려들었다. 헌금도 1년 만에 20배가 넘게 모였다. 평신도회는 이 헌금으로 당시 가난한 이민자들에게 무료로 빵을 나누어주기도 했는데 많을 때에는 하루 8000명이 넘었다. 이제 평신도회는 기적을 행하는 은총의 성모로 인해 피렌체에서 가장 영향력 있는 구호기관이 되었다. 이러한 과정에서 순수 민간단체였던 평신도회는 권력기관으로 급부상했고, 길드 정부의 강력한 지지세력이 되어갔다.

이렇게 되자 주교를 등에 업은 토착귀족들이 가만있지 않았다. 1304년 여름, 토착귀족들이 곡물시장을 방화하는 사건을 일으켰다. 저장된 곡물뿐만 아니라, 주변 1700여 개의 작은 가옥들이 모두 불에 탔다.[16] 목재로 지은 가옥인데다, 한여름에 일어난 방화라 피해가 더 컸다. 길드 정부는 평신도회에게 시정부가 거두어들인 간접세를 건네주고, 건물을 신속히 복원하기 시작했다. 3층 건물이 완성되었는데, 1층은 교회, 2층은 곡물창고, 3층은 길드의 사무실로 썼다. 이러한 과정에서 오늘날 오르산미켈레라 불리는 교회가 탄생한다.

팔라초 베키오가 길드 정부의 세속권력의 상징적 건물이라면, 이 교회는 길드 정부의 교회였다. 이러한 길드 정부의 치밀한 전략으로 피렌체 권력은 주교와 그 측근에서 이익을 챙기던 토착귀족에게서 신흥상인으로 구성된 길드 정부와 평신도회로 서서히 넘어가게 된다. 주교의 권력과 특권이 약화되는 이 전환점에서 르네상스 예술은 그 수줍은 꽃망울을 화려하게 터트리기 시작한다.

흑사병의 공포가 만들어낸 르네상스 시대의 가장 화려한 예술작품

피렌체에도 어김없이 유럽 역사상 가장 혹독한 역병인 흑사병이 발발했다(1348년 3월). 피렌체 전체 인구의 3분의 2가 사망했다. "두 사제가 십자가를 들고 걸어가면, 그 뒤를 관 서너 개를 맨 인부가 따랐습니다. …… 이런 장례식에는 눈물을 흘리는 사람도, 촛불을 켜는 사람도, 애도하는 사람들도 없었으며, 산양 한 마리 죽은 것만큼도 신경 쓰지 않았습니다."[17] 흑사병이 급격히 퍼지던 피렌체에서 흔히 볼 수 있던 장례식 장면이다. 역병의 원인도 몰라 공포에 떨던 시민들은 액막이에 가장 효험이 있다고 소문난 오르산미켈레 교회의 성모마리아 상이 있는 성소로 양초와 헌금을 들고 몰려들기 시작했다. 헌금으로 무려 35만 플로린이 쌓였다.[18] 우리 돈으로 환산하면, 무려 2800억 원이 넘

흑사병으로 사망한 시신들이 쌓인 모습. 보카치오의 『데카메론』 삽화, 조반니 세르캄비의 사본(Codex of Giovanni Sercambi), 루카 국립도서관 소장.

오르카냐, 〈은총의 성모마리아 성소〉 조각, 1348년, 당시 고딕 양식으로 제작된 대표적인 작품이다.

는 큰돈이다. 이 성소가 바로 〈은총의 성모마리아〉라는 별칭이 붙은 그림이 걸린, 또 이 그림을 보호하기 위해서 대리석 조각으로 정교하게 장식된 예배당이다.

오르산미켈레 교회가 곡물시장으로 사용될 당시에 건물 벽면에 〈은총의 성모 마리아〉라는 그림이 있었는데, 1304년 화제로 모두 소실되었다. 피렌체 정부는 조토의 제자인 베르나르도 다디Bernardo Daddi, 1280~1348에게 그림 복원 작업을 주문했는데, 이후 복원된 작품은 〈성모자〉라 불렸다(1309년). 그후로 대리석으로 이 그림을 감싸고 있는 성소는 〈은총의 성모마리아 성소〉라 불리고, 그림은 오늘날 〈성모자〉라 불리고 있다. 하지만 이 그림이 완성될 당시만 해도 먼지로 가득찬 곡물시장 내부에 있었기 때문에, 그림에 금세 먼지가 앉았다. 평신도회는 이 그림을 보존하기 위해, 금으로 장식한 천으로 항상 덮어두었고, 외국 순례자들이 보기를 원해도 평신도회 회장의 승인이 있어야만 천을 걷을 수 있었다.[19] 먼지가 쉽게 앉는 그림을 보호하고, 성소를 더욱 신성하게 장식하기 위해, 피렌체 정부는 성소를 대리석으로 장식하기로 결정했다. 조각은 당시 최고의 명성을 지닌 조각가 오르카냐가 맡았다.

이 조각 작품은 언뜻 보면 하나의 대리석을 조각한 작품처럼 보이지만, 실제로는 117개의 정교한 대리석 조각들을 하나하나 이어 만든 정교한 작품이다. 대리석 이음도 당시에 흔히 쓰이던 몰타르가 아니라, 쉽게 변질되지 않는 주석을 이음매로 사용해서 750년이 지난 오늘날까지 뒤틀림 하나 없이 그대로 보존되어 있다.[20] 미학적인 관점뿐만 아니라, 기술적인 면에서도 당대 최고의 예술작품이다. 성모를 봉헌하는 성소답게 구약성서부터 성모의 일대기에 이르기까지의 종교적 주제를

베르나르도 다디, 〈성 모자〉, 1309년, 아기예수가 앞으로 다가올 수난을 상징하는 검은 방울새를 쥐고 있는 모습이 특이하다.

곡물시장이 다른 장소로 이전하기 이전 〈은총의 성모마리아 성소〉의 모습. 1328년에서 1330년 사이에 쓰인 『곡물 상인의 책Libro del Biadaiolo』 세밀화 복원도, 산 로렌초 교회의 메디치 도서관 소장.

정교한 부조로 장식해놓았다. 제작비용만 해도 무려 8만 6000플로린(약 690억 원)으로, 100년 후에 금으로 도금한 '세례자 요한을 모신 세례당'의 〈천국의 문〉보다 무려 50억 원이 더 들었다.

당시 이 교회는 미사를 집전하는 사제도 두지 않았다. 교회의 주인이 된 길드 정부가 주교가 임명한 사제가 끼칠 영향을 꺼렸기 때문이다. 성구용품과 재정 담당자도 길드 정부가 임명할 정도로 길드 정부는 교회에 직접 관여했다. 피렌체 정부는 이렇게 주교의 영향력이 미치는 피렌체 교회들과 거리를 두었다. 길드의 대표로 구성된 피렌체 세속권력과, 두오모 성당을 중심으로 주교가 관할하는 영적 권력을 대립시키겠다는 의도였다. 실제로 주요한 시 행사가 있을 때마다 정부 고위관리들은 두오모 성당이 아니라 이곳에서 모였다.[21] 길드 정부는 이런 방식으로 정부의 교회를 주교의 교회인 두오모 성당과 대등하게 자리매김하려 했다.

〈성 모자〉와 대리석 조각에는 길드 정부가 중시하던 세속적 가치보다는 갑작스러운 흑사병의 발발로 성모마리아의 자비를 구하고 사후 세계에 구원받기를 원하는 것과 같은 종교적 가치를 더 찾아볼 수 있다. 고대 로마 공화정 시대의 가치를 알레고리로 표현한 〈마르조코〉와 다른 점이다. 하지만 이들 작품이 탄생하기까지 과정을 들여다보면, 흑사병의 위협으로부터 액막이 역할이라는 영적 가치와 상인들이 세운 정부가 추구하던 세속적 가치가 서로 융합되어 있음을 알 수 있다.

Basilica di Santa Croce
산타 크로체 수도원

영적 세계와 세속 세계의 분리를 지지한
탁발 수도사의 둥지

1200년대 초반, '카타르파Cathars'라는 이단세력들이 점차 농촌에서 피렌체 도심으로 활동 영역을 넓혀 나갔다. 교황 그레고리 9세는 피렌체 주교(Ardingo da Pavia)에게 이단세력의 척결을 요구했지만, 주교는 이에 미온적이었다.[22] 주교가 소유한 농지를 관리하던 토착귀족들이 이단세력에 우호적이어서, 주교가 독자적으로 결정할 수 없었기 때문이다. 교황은 자신에게 충성을 맹세하고 청빈한 수도사의 삶을 살아가던 프란체스코 수도사들을 피렌체에 파견했다(1211년). 그리고 이들 수도사들에게 이단을 처벌할 수 있는 종교재판의 권한까지 줬다.[23] 자신에게 순종하는 탁발 수도사들을 앞세워 주교의 특권을 약화시키고, 이단세력을 추방하려는 의도였다. 교황의 입장에서는 일거양득이었다. 1200년대 초반의 피렌체에서는 이렇게 교황과 주교가 영적 권력의 관할권을 놓고 한판 격돌하고 있었다.

교황, 르네상스 예술의 문을 열다

교황은 피렌체에 파견된 프란체스코 수도사들이 피렌체 동쪽 성 밖에 버려져 있던 산타 크로체 수도원이라는 아주 작고 허름한 곳에 자리 잡도록 했다(1228년).[24] 그리고 주교에게 이 수도원의 운영에 간섭하지 못하게 하는 칙령까지 내렸다. 당시 이 수도원은 가난한 자들을 위한 교회였다. 피렌체 각지에서 점점 더 많은 노동자들이 이곳 수도원으로 모여들자, 이웃 교회를 빌려 설교를 시작했다. 이 수도사들을 시기한 두오모 성당의 신부들은 주교가 관할하는 다른 교회에서 수도사들이 설교하는 행위를 모두 금지 시켰다(1240년). 수도사들은 어떻게 해서든지 자신들만의 수도원을 확충해야만 했다. 교황에게 청원을 하자, 교황은 새로운 수도원을 짓는 데 후원하는 신도들에게 100일 동안의 면죄부를 준다는 칙령도 내렸지만, 기대만큼 모금이 되지 않았다.[25]

교황은 고민 끝에 이곳 수도원에 평신도의 시신을 안장할 수 있도록 허가를 해주고, 망자들의 영혼을 기리는 예배당까지 내주기로 했다(1244년). 이때까지만 해도 고위성직자의 시신만이 수도원 지하에 안장될 수 있었으니 상당히 파격적인 결정이었다. 열 개의 예배당이 공모 대상이었는데, 신흥상인들이 선금을 내고 모두 소유할 정도로 인기가 있었다. 수도원은 예배당을 소유한 신흥상인들에게 예배당 내부를 장식하는 의무를 지웠다.[26] 무역과 대부업으로 크게 부를 축적한 신흥상인은 선조들의 시신을 수도원 지하에 안장하고, 예배당을 장식하기 시작했다. 여명기 르네상스의 예술은 이렇게 교황이 부유한 신흥상인들의 시신을 수도원 지하에 안장하도록 허락한 칙령 한 장으로 시작된다.

각 신흥상인은 자기 가문이 소유한 예배당을 다른 가문의 예배당보

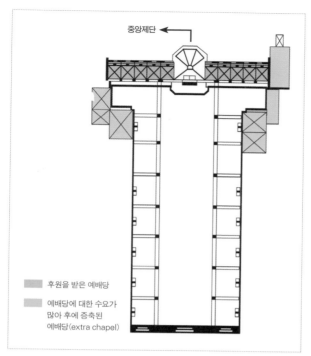

중앙제단 ←

후원을 받은 예배당

예배당에 대한 수요가
많아 후에 증축된
예배당(extra chapel)

산타 크로체 수도원
성당의 예배당 배치도.

다 돋보이게 하기 위해 당시 이름깨나 있던 예술가를 경쟁적으로 모시기 시작했다. 당시 명성을 떨치던 화가 조토와 그 제자들이 세 개나 되는 예배당을 장식하면서 바쁘게 지낸 것도 부유한 상인들 간의 경쟁심 때문이다. 신흥상인의 사후세계에 대한 두려움과 희망, 그리고 신흥상인들 간의 경쟁심에서 한때 폐허나 다름없었던 산타 크로체 수도원은 피렌체에서 가장 부유하고, 화려하게 장식된 수도원으로 변모하기 시작한다.

성구실에 숨은 산타 크로체 수도원의 비밀

그런데 왜 이 수도원은 성 십자가를 뜻하는 '산타 크로체Santa Croce'로 불리게 되었을까? 수도원과 관련된 자료를 아무리 찾아도 답을 얻지 못하던 와중에 산타 크로체 수도원의 원장 로베르토Padre Roberto를 만나 명쾌한 답변을 들을 수 있었다. 1200년대 초반쯤의 사연은 다음과 같았다. "수도사 엘리아Elia는 성 프란체스코와 함께 동방 순례에서 돌아오면서 술탄과 동로마제국의 황제에게 선물받은 기독교의 성물들을 가져왔는데, 거기엔 예수가 수난을 당할 때 매달렸던 십자가의 일부인 작은 나무 조각도 있었다. 수도사 엘리아는 그 십자가 조각을 이 수도원으로 가져왔다. 그는 피렌체와 가까운 코르토나Cortona 지역에서 태어나, 피렌체에 특별한 애정이 있었기 때문이다." 이러한 배경에서 성 십자가라는 뜻의 '산타 크로체' 수도원으로 불리게 되었다고 한다. 나는 이 수도원에서 보존하고 있는 성 십자가를 직접 보았지만, 사진 촬영을 금지하고 있어서 독자들에게 보여주지 못하는 것이 아쉽다.

수도원장은 필자의 손을 잡고 이 수도회의 창시자인 성 프란체스코의 옷을 간직하고 있는 성구실을 구경시켜주었다. 성구실은 성직자들이 미사를 드릴 때 필요한 제의, 은쟁반, 십자가 등 교회에서 가장 성스러운 용품을 보관하는 장소이다. 또한 피렌체 시민들이 교황 몰래 미켈란젤로의 시신을 로마에서 이 수도원으로 가져와 숨겨놓았던 장소로도 유명하다(그래서 미켈란젤로의 영묘가 이곳 수도원 성당에 장식되어 있다).[27] 이처럼 이 수도원의 성구실은 성스럽고, 피렌체 시민들에게 의미가 남다른 공간이다. 이 성구실에 자그마한 예배당이 있었는데, 예배당을 소유한 리누치니Rinuccini 가문은 프랑스 아비뇽에 있던 교황청의

왼편으로부터 차례로 바르디(Bardi) 가문, 페루치(Peruzzi) 가문, 보나파르테(Bonaparte) 가문, 리카르디(Ricardi) 가문, 벨루티(Velluti) 가문 소유의 예배당. 산타 크로체 수도원.

왼쪽으로부터 차례로, 바르디 가문(위의 바르디 가문과는 다른 가문), 풀치(Pulci) 가문, 리카솔리(Ricasoli) 가문, 카포니(Capponi) 가문, 스피넬리(Spinelli) 가문 소유의 예배당. 산타 크로체 수도원.

산타 크로체 수도원의 수도원장
로베르토.

금고를 관리하면서 부자가 된 대표적인 신흥상인이다. 이 신흥상인은
피렌체 정부의 행정 수반을 여덟 번이나 역임했고, 피렌체 정부가 발
행하는 공채를 가장 많이 소유했다(2만 플로린이 넘었으니, 연간 5퍼센트
의 이자만해도 현재 한화 시세로 하면 연 10억 원 정도의 수익이다). 돈과 정
치 권력을 한손에 쥔 가문이었다.[28]

　이 가문의 후원으로 예배당 벽면에 성모마리아와 막달레나 마리아
의 일대기가 그려진다. 언뜻 보면 순수한 종교화 같지만 이 작품에는
흑사병으로 부인을 잃고 어린 아들까지 잃을 뻔한 아버지의 애잔한 심
정과, 세속 세계의 삶을 중시하기 시작한 수도사들의 새로운 신앙적
가치가 잘 묘사되어 있다.

성모마리아와 막달레나 마리아에게 봉헌된 성구실 전경. 산타 크로체 수도원. 중앙의 그림은 14세기에 제작된 타데오 가디의 〈십자가에 매달린 예수〉, 왼쪽은 스피넬로 아레티노(Spinello Aretino)가 그린 것으로 추정되는 〈갈보리 언덕에 오르는 예수〉다. 오른쪽은 니콜로 디 피에트로(Niccolo di Pietro Gerini)가 그린 〈부활〉이다.

사고팔 수 있는 상품으로 전락한 예배당

1300년대 중반, 피렌체는 큰 혼란에 빠지게 된다. 영국과 프랑스 간의 백년전쟁에서 패배한 영국 왕이 피렌체 상인들한테 빌린 돈을 못 갚겠다고 선언한 것이다. 피렌체 토착귀족이 운영하는 은행들이 줄줄이 파산했다(1343년). 그러자 피렌체 경기는 점점 나빠졌고, 예배당을 소유한 신흥상인들이 하나둘씩 예배당 소유권을 포기하는 일이 늘어갔다. 당연히 수도원의 재정은 악화되었다.

아이러니하게도 흑사병으로 수도원은 재정적 어려움을 극복할 수 있었다(1348년). 약 7만 여 명이 넘는 사람들이 사망했고, 부유한 신흥 상인 가문도 이 재앙을 피해가지는 못했다. 시민들은 공동묘지에 시신을 안장하는 수밖에 없었지만, 부자들은 수도원 지하에 시신을 안장하고 영혼을 기릴 예배당을 찾아 나섰다. 수도원측은 예배당 관리를 소홀히 해온 가문으로부터 예배당 소유권을 빼앗아, 예배당을 애타게 찾던 신흥상인들에게 소유권을 넘겨주기 시작했다. 이때 부유한 신흥상인으로 부상한 리누치니 가문이 이러한 행운을 얻었다.

이 가문도 피렌체를 공포로 몰아넣은 두번째 흑사병은 피해 갈 수가 없었던 모양이다. 부인이 어린 아들을 두고 세상을 떠나자, 부인의 영혼을 기릴 예배당을 얻기를 간절히 원했다(1363~1364년). 마침 오래전부터 다른 가문(귀달로티Guidalotti 가문)이 소유해왔지만, 흑사병으로 이 가문의 후계자가 끊기자, 장식은 중단되고, 흉물스럽게 방치되어 있던 예배당이 하나 있었다. 이 예배당을 부인을 잃은 리누치니 가문이 소유할 수 있었다(1371년).[29] 700플로린(약 5억 6000만 원)을 수도원에 후원하고, 성모 축일 때마다 24플로린씩 후원하는 조건이었다. 물론 예배당을 장식하는 화가에게 지불하는 비용은 별도였다.[30] 르네상스 시대 수도원 성당 내부에 위치한 예배당은 이런 식으로 주인이 바뀌게된다. 흑사병을 계기로 예배당이 사고팔 수 있는 상품처럼 변질되었다.

이제 이 예배당 오른쪽 벽면을 장식하고 있는 〈막달레나 마리아 일대기〉 다섯 장면 중에서 〈마르세유의 기적〉과 〈예수의 막달레나 마리아 방문〉을 통해, 예배당 주인이 예술작품에 자신의 열망을 어떻게 드러냈으며, 수도사들은 이 예술작품을 어떻게 신앙적으로 활용했는지를 들여다보자.

조반니 다 밀라노(Giovanni da Milano), 1363~1366, 〈성모 일대기〉, 리누치니 예배당, 산타 크로체 수도원.

조반니 다 밀라노, 1363~1366, 〈막달레나 마리아 일대기〉, 리누치니 예배당, 산타 크로체 수도원.

부성애로 가득 채워진 예배당

그림 〈마르세유의 기적〉을 보면 이 예배당을 소유한 후원자의 모습을 볼 수 있다. 이 장면에 후원자의 모습이 들어가게 된 특별한 사연이 있다. 막달레나 마리아가 행한 기적과 관련되어 전해내려오는 이야기다. 프랑스 지방에 한 영주가 있었는데 아기를 갖지 못하자, 막달레나 마리아에게 아이를 갖게 해달라는 기도를 했다. 사실 이 영주는 막달레나 마리아의 신성을 시험해볼 생각이었다. 하지만 뜻밖에도 영주의 부인은 아이를 갖게 되고, 부인은 감사의 표시로 로마 성지순례 길에 올랐다. 영주의 부인은 순례 도중 배에서 아이를 낳게 되는데, 풍랑을 만나 아이와 함께 바다에 빠지고 만다. 절망에 빠진 영주는 그후로 부인과 아이를 찾아다니던 도중, 어느 해안에 정박하게 되는데 어린아이가 해변에서 놀고 있는 것을 발견한다. 그런데 그 아이가 기적처럼 영주의 아들이었다. 안타깝게도 부인은 사망한 뒤였다.[31]

이 그림에 배가 있고 해변에서 어린아이를 발견하는 것은 모두 막달레나 마리아가 행한 기적에 근거를 두고 있다. 이 기적적인 장면 속, 두 손을 가지런히 모으고 회색 수염을 하고 서 있는 사람이 바로 이 예배당의 주인 프란체스코 리누치다. 이 예배당의 주인은 부인이 흑사병으로 어린 아들을 남겨두고 먼저 세상을 뜨자, 먼저 떠난 아내를 기리고 홀로 남은 아이가 건강하게 자라주기를 간절하게 바라는 마음을 작품에 담아달라고 화가에게 주문했다.

이 작품을 자세히 들여다보면 사망한 부인은 붉은 옷을 입고 있는데, 이유가 있다. 의술이 발달되지 않은 당시만 해도 영아 사망률이 매우 높았다. 그래서 갓 결혼한 젊은 신부는 건강한 아이를 낳게 해달라

조반니 다 밀라노, 1363~1366, 〈막달레나 마리아 일대기〉 중 〈마르세유의 기적〉 장면, 리누치니 예배당, 산타 크로체 수도원.

는 염원으로 붉은색 옷과 진주로 장식한 인형을 몸에 지니는 관습이 있었다. 새로이 예배당을 가지게 된 리누치니는 막달레나 마리아를 봉헌함으로써, 어머니 없이 홀로 자라게 될 어린 아들이 건강하게 성장하길 간절히 염원했던 것이다. 물론 죽은 부인에 대한 그리움도 있었으리라.

조반니 다 밀라노, 1363~1366, 〈막달레나 마리아 일대기〉 중 〈예수의 막달레나 마리아 방문〉 장면.

세속 세계의 가치를 존중하는 수도사들의 새로운 삶

〈예수의 막달레나 마리아 방문〉은 붉은 옷을 걸친 막달레나 마리아
가 자신의 집을 방문한 예수의 발을 향유로 씻기는 장면을 그린 것이
다. 붉은 옷은 쾌락을 추구하는 인간의 모습을 상징하는 것이고, 예수
의 발에 향유를 바르는 것은 속죄를 위해 예수에게 복종하는 것을 의
미한다. 즉 구원을 위해 신앙적 믿음을 우선시한다는 의미이다. 왼편에
는 막달레나의 자매 마르다가 자신들의 집을 방문한 예수에게 드릴 음
식을 바쁘게 준비하는 모습이 보인다. 이는 세속 세계의 중요성도 같
이 강조한 것이다. 이 장면에는 막달레나 마리아처럼 예수의 가르침을

따르고, 세속 세계에서는 마르다처럼 예수를 섬기라는 메시지가 담겨 있다.

이 작품이 그려질 당시 피렌체 주교를 비롯한 고위성직자들은 일반 신도들과 함께 섞여 지내는 탁발 수도사들을 시기하고 귀찮은 존재로 인식했다. 교황에게 불만을 토로해보기도 했지만, 교황의 메시지는 명료했다. "형제들아! 세속 세계의 활동적인 삶을 통해서 세상의 진리를 깨우치고, 관상적인 수도의 삶을 통해서 신의 축복을 깨달아야 한다. 이 두 가지 삶을 조화롭게 하여, 제3의 길인 신과 인간을 아우르는 삶을 살아야 한다. 이 혼합된 삶Vita Mixta이 성직자의 길이다!"[32] 수도사들이 〈예수의 막달레나 마리아 방문〉을 예배당을 장식하는 주제로 선정한 것은 세속 세계의 중요성도 동시에 강조하고 있다고 볼 수 있다.

산타 크로체 수도원의 사례에서 보듯이, 교황에게 충성을 맹세하고 맨손으로 피렌체에 들어온 가난한 탁발 수도사들은 부유한 신흥상인들의 후원으로 신앙적 기반을 형성해나갈 수 있었다. 산타 마리아 노벨라 수도원, 산타 트리니타 수도원, 산 스피리토 수도원Basilica di Santo Spirito, 산타 마리아 델 카르멜 수도원, 산티시마 안눈치아타 수도원, 오니산티 수도원Chiesa di Ognissanti 등은 모두 부유한 신흥상인 가문이 선조들의 시신을 수도원 지하에 안장하고 후원하는 과정에서 자리를 잡을 수 있었다. 피렌체 도심의 모습은 외곽의 수도원들이 주교의 성지인 두오모 성당을 왕관 모양의 형상으로 포위한 형국처럼 바뀌었다. 이렇게 성장해간 탁발 수도사들은 기득권을 누려온 고위성직자들을 멀리하고, 대신 부유한 신흥상인들을 지지하는 제3의 세력으로 자리매김하게 된다.

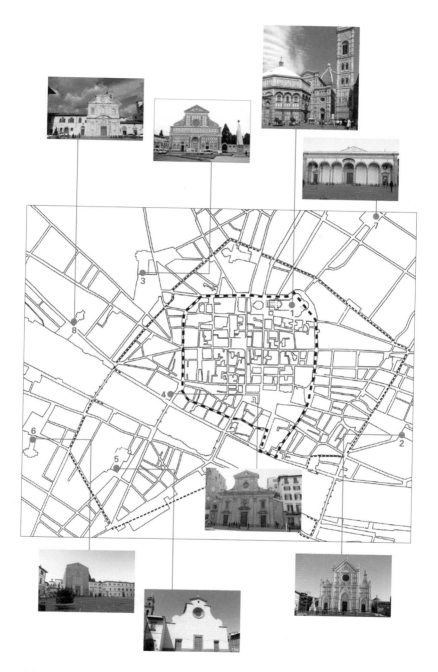

피렌체 성 밖에 자리를 잡은 탁발 수도사들의 수도원. 굵은 점선으로 표시된 부분이 1차로 확장된 피렌 성곽(1172~1175년), 그리고 얇은 점선으로 표시된 부분이 2차로 확장된 피렌 성곽(1284~1333년)이다. 1. 두오모 성당, 2. 산타 크로체 수도원, 3. 산타 마리아 노벨라 수도원, 4. 산타 트리니타 수도원, 5. 산 스피리토 수도원, 6. 산타 마리아 델 카르멜 수도원, 7. 산티시마 안눈치아타 수도원, 8. 오니산티 수도원.

르네상스 여명기의 모습—영적 세계와 세속 세계가 분리되는 거대한 변환

신흥상인들은 자신들의 상업적 활동을 보장하기 위해서 길드의 대표들이 통치하는 길드 정부를 세웠다. 길드 정부는 팔라초 베키오에 둥지를 틀고 정부의 통치 원리를 기독교 교리가 아닌, 고대 로마의 공화정 제도에서 찾았다. 로마 공화정 제도를 잘 알 수 있는 세네카의 『편지들』, 키케로의 『국가론』, 역사가 리비우스의 『로마사』 등 로마 시대의 이야기나 신화, 역사서 들에 주석이 달리고 번역되는 것은 모두 이러한 정치적 배경에서 비롯했다.[33] 〈마르조코〉라는 조각상은 르네상스의 중요한 특징인 '고대 로마 문화의 부활'이 구체적으로 드러난 첫 번째 예술작품이라는 점에 대해선 앞서 설명했다.

그리고 신흥상인의 후원을 받고 있던 탁발 수도사들이 나서서 고대 로마의 공화정 제도를 부활시켜 세속세계를 다스리는 길드 정부의 편에 섰다. 흑사병으로 인한 혼란을 극복하는 과정에서 탁발 수도사들은 평신도들과 세속적 삶을 같이했고, 이러한 경험을 통해 '혼합된 삶'의 중요성을 깨닫기 시작했기 때문이다. 교황도 수도사들의 혼합된 삶을 지지했다.

르네상스 여명기에는 이렇게 신흥상인이 세운 길드 정부와 길드 정부를 지지하는 탁발 수도사에 의해 영적 세계와 세속세계가 확연히 분리된다. 영적 세계에서는 기독교 교리가, 세속세계에서는 로마 공화정 시대의 정치제도 및 가치가 각기의 통치 방식으로 나타나게 된다. 이 이분법적 통치 방식이 르네상스로 넘어가는 시기의 거대한 패러다임 변화다. 한 세기전만 해도 상상하지도 못했던 변화다. 이 패러다임의 변화로 종교권력과 세속권력을 동시에 장악하고 있었던 주교는 신흥상인이 세운 길드 정부에게 세속권력을 넘겨주게 된다. 자연스레 상인들의 이해관계를 조정하는 재판권과 도시의 치안을 유지하는 권한들이 주교의 손에서 길드 정부로 이전된다. 신흥상인의 돈을 자양분 삼아 예술이 꽃피는 르네상스가 열리는 순간이다.

하지만 신흥상인이 길드 대표를 앞세워 어설픈 민주주의를 실험하던 이 시기에 스물한 개나 되던 길드 사이에 경쟁과 질시, 갈등은 끊이질 않았다. 점차 시간이 지나면서 길드 사이에서도 경제력의 우열이 가려지고, 부유해진 양모·의류 무역상인 길드, 양모 제조업자 길드, 은행가 길드가 피렌체 경제의 패권을 잡았다. 세속세계에 권력집중화 현상이 일어나면서, 이제 이들 세 분야 길드의 대표들이 자신의 권력을 강화하는 시대로 접어들게 된다. 권력을 장악한 소수의 길드 대표가 르네상스라는 새로운 시대를 열어가던 역사의 현장은 바로 '꽃의 성모 마리아 성당'이라 불리는 두오모 성당과 오르산미켈레 교회에서 확인할 수 있다.

미켈란젤로가 시청사 벽면에 새긴
의문의 그림

  피렌체 시청사 현관을 마주하고 건물 오른쪽 모퉁이를 돌면 벽면에 낙서 같아 보이는 얼굴이 한 점 조각되어 있는데, 이 작품에 얽힌 이야기를 잠깐 소개해본다.

  전해오는 이야기에 의하면, 말도 안 되는 소리를 횡설수설하는 사람이 당시 미켈란젤로를 따라다니며 귀찮게 했다고 한다. 마침 시청사에서 작업을 해야 하는 미켈란젤로가 망치와 끌을 가지고 걸어가고 있

〈미켈란젤로를 괴롭힌 사람〉, 피렌체 시청사 벽면.

었다. 그런데 이 사람이 또 예민한 미켈란젤로를 따라다니며 헛소리를 계속했다. 화가 난 미켈란젤로는 이 행인의 이야기를 듣는 척하면서 행인의 얼굴을 시청사 벽면에 슬그머니 새겨놓았다고 한다. 그래서 이 작품을 〈미켈란젤로를 괴롭힌 사람L'Importuno di Michelangelo〉이라고 부른다.

또다른 버전의 이야기도 있다. 한참 작업에 열중하던 미켈란젤로는 우연히 시청사 광장에서 죄수를 참형하는 장면을 목격하게 되었다. 그때 미켈란젤로는 죽음을 앞둔 죄수의 얼굴 표정을 보고 충격을 받아, 자신도 모르게 죄수의 얼굴을 시청사 벽에 새겼다고 한다.

어느 이야기가 맞는지는 미켈란젤로 자신만이 알겠지만, 우리를 부럽게 하는 분명한 사실은 이 낙서 같은 조각 한 점이 오늘날까지 이야깃거리가 되고, 관광객들의 눈길을 끈다는 사실이 아닐까?

"정부를 칭송하고 명예스럽게 하는 일 외에는
다른 어떤 것도 생각하지 말고, 기대하지 말라!"
— 조반니 모렐리[1]

역
사

서방교회의 대분열 시기
1378~1417년

밀라노의 피렌체 침공
1378~1428년

건
축

산타 레파라타 철거
두오모 성당 건축 시작
1294~1440년

조
각

산타 레파라타
교회의 모습
(성 자노비의 묘실)

회
화

예
술
가
·
학
자

레오나르도 브루니
1370~1444년

도나텔로
1386~1466년

셋째 날

길드 정부의 황금시대
(1382~1433)

메디치 가의 등장
1402년

길드 수호성인으로
오르산미켈레 교회 장식
1406~1422년

부르넬레스키의 돔
1420~1436년

〈성 마르코〉
1411년

〈성 마태〉
1422년

〈성 스테판〉
1426년

〈존 호크우드 경의
기마상〉 1436년

〈니콜로 다 토렌티노의
기마상〉 1436년

〈피렌체를
빛내고 있는 신곡〉
1465년

브루넬레스키
1423~1497년

베로키오
1435~1488년

오늘날 피렌체 하면 '꽃의 성모마리아 성당'을 가장 먼저 떠 올릴 정도로 이 성당은 피렌체를 대표하는 명소가 되었다. 이 성당은 '신을 모신 집'을 의미하는 '두오모 성당'이라고도 불리는데 두오모는 신전神殿을 뜻하는 라틴어 Domus Dei의 준말이다. 두오모 성당은 중세 농촌에 대토지를 소유했던 주교와 토착귀족의 신앙적 근거지여서, 가장 풍족하고 막강한 영적 권력을 행사하던 곳이었다. 초록색과 흰색 대리석으로 장식된 화려한 전면, 조토의 손길이 닿은 종탑, 그리고 브루넬레스키Filippo Brunelleschi, 1377~1446에 의해 지어진 웅장한 돔의 위용만 보더라도 두오모 성당이 지닌 영적 권력의 위상을 쉽게 짐작할 수 있다. 하지만 잔뜩 기대하고 성당 안으로 들어선 관광객들은 웅장한 건물 외관에 비해 의외로 단순한, 어쩌면 썰렁하기까지 한 내부 장식을 보고 의아해하기도 한다. 산타 크로체 수도원의 내부 장식을 떠올리면, 그 화려함에 있어서 비교가 안 되기 때문이다.

두오모 성당. '꽃의 성모마리아 성당'이라 불리는 피렌체 대성당이다. 1294년 성모 승천 축일에 짓기 시작하여 1440년 수태고지 축일에 완성되었다. 대성당 전면은 1887년에 완성되었으니, 현재의 모습을 갖추기까지 무려 600여 년이 소요된 셈이다.

한때 가장 풍요로웠고, 막강한 권력을 지녔던 주교의 교회인 두오모 성당에 무슨 사건이라도 벌어진 것일까? 그간 길드 정부는 규모가 큰 길드(arti maggior) 일곱 곳과 소상인이나 수공업자 들이 가입한 소小

길드 열네 곳이 함께 운영해왔다.[2] 하지만 길드 사이에 점점 경쟁이 심해지고, 결국에는 규모가 컸던 양모 제조업자 길드, 양모·의류 무역상인 길드, 그리고 은행가 길드가 경제력을 장악했고, 이들 세 길드가 연합해 제2차 길드 정부를 구성했다(1382년).[3]

이들 대★ 길드 대표들의 손으로 넘어간 제2차 길드 정부는 겉으로는 이전에 세워진 길드 정부를 이어나가는 듯 보였지만, 실제로는 소수의 부자(알비치Albizzi, 바론첼리Baroncelli, 스트로치Strozzi, 니콜로Niccolo 가문 등)들의 손에서 움직이는 금권정치金權政治였다. 이들 몇몇 부자가 이끄는 가부장적인 리더십이 공화정 체제 내부로 깊숙이 자리를 잡아갔다. 정치는 후퇴했지만, 피렌체는 모처럼 경제적 번영의 시기를 맞았다. 그래서 나는 금권정치가 시작되던 시기부터 메디치 가문이 길드 정부를 추방하고 피렌체의 주인이 되기 직전인 1433년까지를 '길드 정부의 황금시대'로 부른다.

피렌체가 위기에 처할 때마다 시민들은 하나가 되었지만, 평화가 오니 파벌이 생기고 분열이 일어났다. 경제적으로 번영을 구가하던 '길드 정부의 황금시대'도 예외는 아니어서 피렌체 사회는 계층 간, 계층 내부의 반발과 견제가 끊이질 않았다. 계층 간에는 일반 시민과 소 길드들이 힘을 모아 소수의 부자들의 금권에 반대하고 있었고, 계층 내부에서는 권력을 장악한 특정 가문이 다른 부자 가문이 자신보다 우위에 서는 상황을 용납하지 않았다. 이러한 상황은 이들이 속해 있던 대 길드 단체로 그대로 이어졌다. 예를 들면 당시 최고의 권력을 지닌 양모 제조업자 길드가 조금이라도 이권을 챙기면, 양모·의류 무역상인 길드와 은행가 길드가 힘을 합쳐 대항하곤 했다. 이렇게 첨예한 이해관계

열세 개 길드의 수호성인 조각상으로 장식된 오르산미켈레 교회 벽감.

속에서 상인들은 길드를 내세워 자신들의 이익을 비호했고, 당연히 길드 간에 권력 다툼이 잦았다.[4]

그럴 때마다 제2차 길드 정부는 분열되어가는 길드의 힘을 결집시켜야 했다. 이 과정에서 '조합주의'를 중시하는 기류가 형성된다. 또한 길드 정부에게 위협이 되었던 주교의 위상을 약화시키는 전략도 동시에 구사했다. 이는 모두 상류사회에 만연하던 갈등과 투쟁에서 자신의 부를 지켜나가려는 소수 가문의 생존 방식이었다. 그렇기 때문에 이러한 시기에 제작된 작품은 개인이나 특정 가문의 위상을 드러내기보다, 시민 전체의 자긍심을 올려주거나 길드 간의 단합을 고취하고자 하는 주제가 대부분이다. 이러한 조합주의적 모습이 잘 드러난 작품이 오르산미켈레 교회 외벽 벽감에 조각된 각 길드의 수호성인 조각상이다. 길드 정부는 또한 반세기 동안 주교의 성지였던 산타 레파라타 성당을 허물고 그 자리에 '꽃의 성모마리아 성당'을 지었다. 자연스레 피렌체의 주인이었던 주교의 위상은 추락하고 만다. 길드 정부가 주교가 가진 세속권력을 이어받아 새로운 시대를 펼치는 격동의 순간을 가장 잘 보여주는 장소가 바로 두오모 성당과 오르산미켈레 교회다.

Cattedrale di Santa Maria del Fiore

꽃의 성모마리아 성당

타이타닉 호처럼 침몰하는 주교의 권력

레오나르도 다빈치의 〈모나리자〉라는 작품을 두고 한때 진품 논란이 벌어졌듯이, 1300년대 중반 피렌체에서도 두오모 성당에서 봉헌해오던 성녀 레파라타Santa Reparata 유골이 가짜로 드러나는 해프닝이 벌어진 적이 있었다. 사건의 발단은 이랬다.

당시 산타 레파라타 교회Chiesa di Santa Reparata로 불리던 피렌체 대성당은 수호성인 성녀 레파라타의 유골을 보관하고 있지 않아, 그 영적 권위가 다른 국가들의 대성당만 못했다. 마침 나폴리 왕의 대관식에 참석한 피렌체 대사가 나폴리 왕에게 "나폴리의 테아노Teano 수도원에 안장된 성녀 레파라타의 오른팔 유골을 피렌체로 가져가 피렌체 대성당에 봉헌하고 싶다"는 간절한 청원을 올렸다. 딱한 소식을 들은 나폴리 왕은 수녀들에게 수도원에서 보관해오던 성녀의 유골을 피렌체 대사에게 전해주라고 했고, 수녀들은 닷새의 말미를 달라고 했다. 5일 후 수도원으로부터 성녀의 유골을 건네받은 피렌체 대사는 성스러운 의

식을 치른 후에, 유골을 피렌체 두오모 성당에 소중히 모셨다(1352년 6월 22일).[5]

하지만 후에 두오모 성당의 사제들은 성녀의 유골 보관함을 제작하는 과정에서 유골이 가짜라는 사실을 알게 되었다. 닷새의 말미를 얻은 나폴리의 수녀들이 이 성녀의 진짜 유골을 넘겨주기를 꺼려, 나무와 석고로 만든 가짜 유골을 건네주었기 때문이다. 그 이후로 피렌체는 두오모 성당에서 이 성녀를 봉헌하는 의식을 없앴고, 성당은 피렌체의 꽃fiore을 상징하는 '꽃의 성모마리아 성당Santa Maria del Fiore'이라고 불리게 되었다는 이야기가 전해진다.

피렌체에서 오랫동안 전해져오는 이 이야기는 그냥 전설일 뿐 사실과는 상당히 다르다. 호기심 많은 고고학자들이 두오모 성당의 지하를 발굴한 결과 자그마한 교회가 묻혀 있다는 것을 발견했기 때문이다(1965년).[6] 이 지하에 묻힌 교회가 바로 고대 로마제국 시대에 세워진 '산타 레파라타'라는 교회이다(4세기 말~5세기 초). 피렌체 권력을 장악한 길드 정부는 아르노 강에서 퍼낸 모래와 건물의 부서진 잔해로 이 교회를 매몰하고, 그 위에 새로운 교회를 신축했다. 이렇게 신축된 성당이 바로 오늘날 우리가 '꽃의 성모마리아 성당'이라 부르는 두오모 성당이다. 한때 피렌체 시민들이 가장 성스럽게 여기던 산타 레파라타 성당은 타이타닉 호처럼 되어버렸다. 그러나 차가운 바닷물이 아니라 두오모 성당 밑으로 침몰했기에 복원되는 행운을 얻을 수 있었다.

길드 정부의 후원으로 시작된 성당 신축이 완성되기까지는 무려 150년이란 세월이 걸렸다. 이 성당이 피렌체에서 가장 영적 권위를 가진 성당으로 탄생되기까지 세 번의 큰 변화가 있었다. 이 굵직한 변화

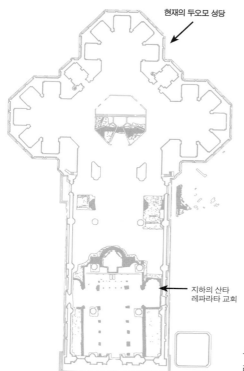

현재의 두오모 성당

지하의 산타
레파라타 교회

두오모 성당 지하에 있었던 산타 레파
라타 교회의 복원도.

를 일으킨 사건을 차례로 되새겨가며 두오모 성당 건물과 장식을 감상
해보기로 하자.

첫번째 이야기—묘지를 이장해 주교의 교회로 삼다

일단 두오모 성당 내부로 들어서면, 성당 지하로 내려가려고 관광객
들이 길게 줄을 서 있는 광경을 흔히 볼 수 있다(첫번째와 두번째 기둥

사이에 있다). 이 지하계단을 따라 내려가면, 무덤을 장식하는 석판들이 벽면과 바닥을 어지럽게 자리잡고 있어, 약간 스산한 느낌이 들기도 한다. 모두가 중세 시대 고위성직자와 존경받는 공직자의 무덤을 장식한 석판들이다. 무덤 사이로 난 좁은 길을 따라가다보면 왼쪽 벽면에 불을 환하게 밝혀놓은 조그마한 공간과 그 속의 유골함이 눈에 띈다. 도난을 방지하기 위해 철문에 열쇠까지 채워놓았다. 이 유골함에 성녀 레파라타의 유골이 보관되어 있다고 한다(1605년 우여곡절 끝에 얻게 된 성녀의 갈비뼈이다). 그리고 그 옆에는 높이가 족히 3미터는 넘어 보이는 커다란 예배당이 자리하고 있는데, 이곳은 피렌체 출신으로 최초로 주교가 된 성 자노비St. Zanobi의 유골을 안장했던 묘실이다. 그런데 왜 성모마리아를 봉헌하는 두오모 성당 지하에 성녀 레파라타와 성 자노비의 유골을 동시에 안장하게 된 것일까?

피렌체가 북쪽 야만족의 침입을 받았던 5세기 초반, 성녀 레파라타가 흰색 바탕에 붉은 백합이 그려진 문양 깃발을 들고 나타나자 적들이 물러갔다는 전설이 전해내려온다.(406년 8월 23일).[7] 오래전부터 피렌체 시민들은 이 성녀를 피렌체를 위기에서 구해준 구원자로 칭송해왔다. 피렌체 권력자였던 주교는 피렌체를 지켜주었던 이 성녀를 이 교회에 봉헌하고, 산타 레파라타 교회라 부르기 시작했다. 세속권력의 지도자로서 정당성이 부족했던 피렌체 주교는 기적을 행하는 성녀를 봉헌하고, 주교의 권위를 드러내려 했다. 평범한 시민들은 영적 권위를 지녔다고 믿고 주교에게 복종했고, 주교는 이 권위를 기반으로 피렌체를 다스렸다. 하지만 당시 산타 레파라타 교회는 이 성녀의 유골을 보관하지 않았다.

(위) 두오모 성당 지하에서 발견된 묘지의 석판들과 복원된 벽화.
(가운데) 성녀 레파라타의 갈비뼈를 보관하고 있는 유골함과 성녀의 조각상.
(아래) 피렌체 최초의 주교인 성 자노비의 시신을 안장했던 묘실.

대신 주교는 자신의 권위를 강화하기 위해, 피렌체 출신으로 최초로 주교의 자리에 오른 성 자노비의 유골을 봉헌하여, 자신의 영적 지위를 신성화시키는 전략을 택했다. 다른 교회(산 로렌초 교회)에 안장되어 있던 이 성인의 유골을 산타 레파라타 교회로 옮기기로 한 것이다. 우리식으로 생각하면 묘지를 이장한 셈이다. 한때 정주할 교회가 마련되지 않아 이 교회 저 교회를 떠돌아다니며 미사를 집전해야만 했던 주교가 성 자노비의 유골이 이장된 산타 레파라타 교회에 정주하게 되면서, 이 교회는 피렌체 주교의 교회가 되었다. 두오모 성당의 지하에는 중세의 최고 권력자였던 주교가 성인들의 유골을 봉헌하여 자신의 영적 권력을 획득해가는 여정이 고스란히 남아 있다.

두번째 이야기-성녀 레파라타 대신 성모를 봉헌하는 교회로 변신하다

길드 정부가 들어서는 1290년대 후반, 주교의 교회인 산타 레파라타 교회는 침몰하는 운명에 처하게 된다. 두오모 성당에서 만난 수석사제 알레산드로 비치Padre Alessandro Bicci는 "피렌체는 정치, 경제, 문화 등 모든 면에서 왕성한 성장을 하고 있었다. 하지만 피렌체 대성당이었던 산타 레파라타 교회가 너무 낡고 피렌체의 위상에 걸맞지 않아 길드 정부 고위관리들은 교회를 신축하기로 결정했다"고 설명한다. 이같은 결정을 한 날짜는 1294년 성모 탄생 축일(9월 8일)로, 이때부터 성 레파라타를 봉헌하는 교회에서 성모를 봉헌하는 교회로 바뀌게 된다.[8] 물론 종교와 세속세계를 분리해서 살아갈 수 없었던 당시에 피렌체 대성당의 위용은 시민들의 자부심과 무관하지 않았을 것이다. 그러

두오모 성당 건물관리위원회
(Opera del Duomo) 총 책임
자, 알레산드로 비치 수석사제.

나 상인들이 세운 길드 정부가 엄청난 돈이 들어가는 대성당을 신축하는 목적이 단순히 피렌체의 위상을 높이고, 시민들의 자부심을 높이려만 한 것일까? 다른 의도가 있었을 것이다. 레파라타 교회를 개축하려 했던 1290년대로 되돌아가보자.

중세의 산타 레파라타 교회는 피렌체 고위성직자의 종교적 근거지였다. 교회는 피렌체 외곽에 엄청난 농지를 보유하고 있었기에 고위성직자들에게 후한 월급을 줄 수 있었다. 사유재산의 세습도 가능했다. 공동체 생활이 원칙이지만 집에서 출퇴근을 할 수도 있어 피렌체 귀족의 자제들은 고위성직자가 되려고 했다.[9] 무엇보다도 이들 고위성직자는 주교를 선출하는 권한을 지녔고, 주교는 이 교회의 성직자를 임명하는 권한을 행사했으니, 주교와 고위성직자 들은 악어와 악어새와 같은 관계였다. 그리고 주교와 고위성직자는 대부분 귀족 출신이어서, 귀족 가문은 막강한 권력을 행사할 수 있었다. 달리 표현하면, 이 시대의 주역은 주교와 고위성직자, 그리고 이들과 친척 관계에 있는 토착귀족 가문이었고, 산타 레파라타 교회는 이들의 연극 무대와 같았다. 길드 정부에겐 이 교회를 손에 넣지 않고 주교의 권력을 약화시키는 것은 어려워 보였다.

이런 연유로 길드 정부는 주교와 귀족의 권력 기반인 이 교회를 허물고 새로운 교회를 세우기로 결정한다. 새 교회의 축일도 성녀 레파라타가 탄생한 축일(10월 8일)이 아니라 성모마리아가 탄생한 축일로 삼았다(9월 8일). 그리고 향후 이 교회를 '꽃의 성모'를 의미하는 이름 산타 마리아 델 피오레Santa Maria del Fiore로 부르도록 하는 법령까지 제정했다.[10] 주교 권력의 근원이던 성녀 레파라타의 모든 잔상을 이 교회에서 지워버리려 한 것이다. 그러나 두오모 성당의 건설 책임을 맡았던 조토의 갑작스러운 사망으로 신축 공사는 65년 동안 중단되고 만다.

세번째 이야기―시민의 세금으로 다시 세워지다

피렌체 정부가 이 교회에 다시 관심을 가지는 것은 1400년대 초반으로, 당시 피렌체의 권력은 소수의 부자 상인 가문 수중에 있었다. 이때 피렌체는 흉작과 흑사병의 재발로 민심이 흉흉하여(1411~1412년), 급기야 시민들과 금권정치에 반대하는 신진 세력들이 정부 청사에 불을 지르고 고위 공직자의 저택을 습격하는 사건까지 발생했다. 금권정치의 지도자들은 시민들에게 신앙적 정체성과 시민 정신을 일깨워 분열을 봉합하려고 했다. 그 방편의 하나로 권력자들은 한때 길드 정부

원래 두오모 성당의 전면을 그린 스케치. 현재 두오모 성당의 전면은 1887년에 완성된 작품이다. 새로운 전면으로 교체되기 이전의 모습은 지금보다 단순해 보인다. 두오모 성당 지하 벽면에 전시.

가 신축하려다 중단한 두오모 성당을 지어 시민들의 교회로 만들려는 계획을 세웠다.

먼저 성당 신축에 필요한 재원은 정부의 후원과 피렌체 도심에서 약 40킬로미터 이내에 거주하는 시민들에게 거둔 세금으로 충당했다. 교회로 들어오는 십일조와 헌금도 성당 신축에 보탬이 되었다. 이렇게 피렌체 시민들의 후원으로 새로운 성당이 본격적으로 세워지게 된다.[11]

이후부터 두오모 성당의 주인은 주교도 아니고 길드 정부도 아닌, 피렌체 시민으로 바뀌게 된다. 내가 만난 이 교회의 수석사제가 "두오모 성당은 피렌체 전체를 대표하는 교회로 특정 가문의 후원을 받은 적이 없다. 그렇기 때문에 두오모 성당은 시민 정신이 발현한 장소이자 도시 예찬의 장소라 할 수 있다"고 말하는 것도 다 이런 배경에서 나온 것이다.

시민 정신이 발현한 장소로 탈바꿈하다

유명 예술가의 작품을 볼 수 있을거라고 잔뜩 기대하고 성당 안으로 들어선 관광객들은 예상 외로 간결한 내부에 실망하기 일쑤다. 당시 피렌체 지도자들이 성당 내부를 이렇게 장식한 것엔 깊은 속내가 있다. 먼저 성당 내부의 왼쪽 벽면을 장식하고 있는 기마상 두 점부터 보자.

두 기마상의 주인공은 한때 피렌체 정부에 고용되었던 용병대장들이다. 왼쪽에 그려진 용병대장은 호크우드 경Sir John Hawkwood으로 피렌체가 교황군의 침입을 받고 있었을 때, 피렌체를 위기에서 구원해준 군인이다(1375~1378년).[12] 피렌체 시민은 영국 출신의 이 용병대장에게 시민권을 주었고, 사후에 시신을 두오모 성당 지하에 안장하는 명예까지 주었다. 호크우드 경 옆 기마상의 주인공은 토렌티노Niccolo da Torentino로 피렌체를 밀라노의 침입으로부터 구해낸 용감한 용병대장이다(1432년).[13] 두 용병대장의 용맹으로 군대가 없던 피렌체는 국가를 지켜내고 자유를 누릴 수 있었다.[14] 시의회는 만장일치로 이들을 기리는 청동 조각상을 제작하기로 결정했지만 재원이 부족해 값비싼 청동

파올로 우첼로(Paolo Uccello), 〈존 호크우드 경의 기마상〉, 1436년, 프레스코화, 두오모 성당.

카스타뇨(Andrea del Castagno), 〈니콜로 다 토렌티노의 기마상〉, 1456년, 프레스코화, 두오모 성당.

조각상 대신 성당 벽면에 기마상 그림을 그려넣기로 결정했다. 대신 화가에게 청동 조각상처럼 청동색이 나도록 그려줄 것을 주문했다. 이런 연유로 유독 푸른색을 띠는 기마상이 두오모 성당 벽면에 그려지게 된다.[15]

좀더 가까이서 작품을 보면, 왼쪽 호크우드 용병대장의 기마상에는 신중함과 정적인 분위기가 흐르고, 오른편 토렌티노 용병대장의 기마상은 망토와 리본이 흩날리는 등 역동적인 모습임을 알게 된다. 화가들이 두 용병대장을 대비되는 모습으로 묘사하는 데는 나름 이유가 있다.

1300년대 후반 이탈리아 전역에서 용병대장으로 명성을 떨치던 호크우드는 매우 신중하고 절제적인 용병술로 전쟁을 승리로 이끌었다. 반면에 토렌티노는 정의감이 충만하고 용맹하나 성격이 급하고 절제력이 부족한 게 약점이었다. 지도자들은 이들이 지닌 정의감, 용맹함, 신중함, 절제력 같은 덕목을 통해 역경에 처한 피렌체를 구할 수 있는 희망을 시민들에게 보여주려 했다. 이 네 가지 덕목은 르네상스 시대 내내 세속세계를 다스리는 지도자와 시민 들이 갖추어야 할 중요한 자질이 되었다.

추방된 죄인에서 애국자로 다시 평가받는 단테

두 용병대장의 기마상 벽화 바로 옆에 단테의 초상이 있다. 단테는 『신곡』의 저자이자 시인으로 알려져 있지만, 사실 그는 피렌체의 독립을 위해 애쓰던 애국자였다. 그러나 뜻을 이루지 못하고 반대

파에 의해 피렌체에서 영원히 추방되는 비운의 주인공이기도 하다
(1301~1302년). 그래서 단테는『신곡』의 대부분을 피렌체 정부의 당파
를 부추기는 정치가와 타락한 성직자 들을 비판하는 데 할애했고, 피
렌체가 새로운 시대를 맞이하게 할 유일한 희망을 기독교적 윤리를 회
복하는 데서 찾았다. 후에 인문학자들에 의해 단테는 시인을 넘어서
위기에 빠진 피렌체를 구하려던 애국자로 재평가를 받게 된다.

이 단테의 초상은 그에 대한 재평가가 내려지던 시기의 작품이다.
그래서 작품 한 면에는 기독교적인 윤리와 도덕성을 상징하는 지옥,
연옥, 천국이 그려져 있고 다른 면에는 천국의 희망의 빛이 피렌체 도

도메니코(Domenico di Michelino), 〈피렌체를 빛내고 있는 신곡〉, 1465년, 프레스코화, 두오모
성당.

심에 광휘를 가져다주는 장면이 그려져 있다. 작품의 이름도 〈신곡〉이 아닌, 〈피렌체를 빛내고 있는 신곡La Commedia Illumina Firenze〉이라 붙여 졌다.[16]

Chiesa di Orsanmichele

오르산미켈레 교회

조각가의 경쟁의 장이 된
기적의 성소

오르산미켈레 교회에 가면, 이 조각상은 도나텔로가, 저 조각상은 기베르티가, 또다른 조각상은 레오나르도 다빈치의 스승 베로키오Andrea del Verrocchio, 1435~1488가 제작했다는 둥, 관광 가이드가 교회 외벽의 열세 개 조각상 하나하나를 설명하는 광경을 흔히 볼 수 있다. 이 조각상들은 오르산미켈레 교회가 피렌체 길드 권력의 상징적 건물이 되면서, 각 길드가 자신의 수호성인 조각상을 교회 벽감에 세운 것이다.

이 교회 3층과 구름다리로 연결된 건물은 당시 가장 규모가 크고 막강한 권력을 지녔던 양모 제조업자 길드의 본부가 있고 대 길드의 회의실로도 쓰였다. 교회 바로 앞에 투박하게 지어진 3층 건물은 소 길드 본부 건물이다. 한때 길드 정부의 신앙적 중심지였던 오르산미켈레 교회를 길드 사무실들이 둘러싼 형국이다. 이 교회의 벽감을 장식하는 조각상들은 열세 개 길드의 수호성인이다. 한때 기적을 행하던 '은총의 성모 예배당'이 있던 성스러운 교회가 어떻게 길드의 위상을 드러내는

(왼쪽) 오르산미켈레 교회와 구름다리로 연결된 오른쪽 건물은 이 교회의 관리를 맡았던 양모 제조업자 길드와 대 길드 대표들의 회의 장소로 쓰였다.
(오른쪽) 대 길드의 사무실 정면.

오르산미켈레 교회 맞은편에 자리한 열네 개 소 길드 회원사의 사무실. 벽면에 대표적인 소 길드 중 하나였던 푸줏간 길드의 문장인 검은색 양 문양이 보인다.

조각품 경쟁 장소가 된 것일까?

당시에는 이해관계가 첨예했던 길드 사이에 권력 다툼이 자주 일어났다. 피렌체 정부는 서로 반목하던 길드를 단합시킬 목적으로 대 길드뿐만 아니라 소 길드도 같이 참여하는 공간을 오르산미켈레 교회에 만들기로 했다.[17] 그리고 모든 피렌체 길드의 상징적 본거지인 이 교회의 1층 기둥에 열두 개 길드의 수호성인을 조각하도록 결정했다 (1406년 4월 23일). 또한 길드의 이익을 지키던 상업재판소에게도 자신들의 수호성인을 세울 수 있는 특권을 주어, 이 교회의 벽감에는 총 열세 개 길드의 수호성인이 장식된다. 각 길드 대표들은 자신이 속해 있는 길드의 위상을 드러내려고 서로 경쟁했고, 당대 최고의 조각가들은 각자 자신의 기량을 뽐냈다. 조각상 제작 경쟁은 상업적으로 밀접한 이해관계가 있던 양모 제조업자 길드, 양모·의류 무역상인 길드, 그리고 은행가 길드가 먼저 시작했다.[18]

은행가 길드의 자존심이 새겨진 성 마태 청동상

1400년대 초반 여덟 명의 피렌체 은행장이 한자리에 모였다. 한때 고리대금업자로 천대받았지만, 이제는 어엿하게 피렌체에서 가장 부자가 된 인물들이다. 후에 메디치 가문의 수장이 되는 코시모 데 메디치Cosimo de' Medici, 1389~1464도 참석했다. 오늘날 은행들이 은행연합회를 조직해서 자신의 이익을 대변하듯이, 당시 은행가도 환전상 길드(Arte dei Cambio)라는 연합체를 조직해 운영하고 있었다. 이날 회의의 목적은 은행가 길드의 위상을 드러내기 위해, 자신들의 수호성인 상을 청동으로 장식할 조각가와 그에 따른 비용을 결정하는 회의였다. 조각상이 건립될 곳은 흑사병이 발생했을 때 기적을 행해 위력을 떨치던 〈은총의 성모 성소〉가 있는 오르산미켈레 교회 외벽이었다.

흰콩과 검은콩으로 찬반 투표를 한 결과, 당시에 세례당의 청동문(현재 북문)을 조각한 기베르티가 뽑혔다(1418년 8월 26일). 여기엔 세 가지 조건이 붙었다. 첫째, 자신들의 수호성인인 성 마태St. Matte를 조각할 것을 주문했다. 예수의 열두 제자 중 하나인 성 마태는 세금을 징

기베르티, 은행가 길드의 수호성
인 〈성 마태〉 청동 조각상, 오르
산미켈레 교회 2층, 1422년.

수하던 세리 출신이어서, 은행가 길드의 수호성인으로 안성맞춤이었
다. 둘째, 총 예산은 1100플로린(약 9억 원)을 넘어서는 안 된다는 조항
도 잊지 않았다. 마지막으로 특별한 단서를 달았다. 이 교회의 다른 벽
면에 조각된 〈세례자 요한〉 청동 조각상보다 더 크고 화려하게 조각되
어야 한다는 것이었다.[19] 이 〈세례자 요한〉 청동 조각상은 기베르티가
2년 전에 양모·의류 무역상인 길드를 위해 제작한 조각상으로, 이미 교
회 외벽에 설치되어 있었다. 이 주문서에서 알 수 있듯이 양모·의류 무

역상인보다 뒤늦게 수호성인 조각상을 세우게 된 은행가들은 자신과 경쟁관계에 있는 길드에게 예술작품 하나도 뒤지지 않으려 했다. 이렇게 해서 〈세례자 요한〉 청동 조각상보다 겨우 2센티미터 큰 〈성 마태〉 조각상이 탄생한다.

양모 제조업자 길드의 자존심이 새겨진 성 스테판 청동상

이어 한때 피렌체에서 가장 부유했던 양모 제조업자 길드 대표 여덟 명 중 여섯 명이 회의에 참석했다. 다른 길드에 비해 추락한 자신들의 위상을 놓고 대표들 사이에 울분이 터졌던 모양이다. 양피지에 기록된 당시 회의록을 보면, "양모·의류 무역상인 길드나 은행가 길드는 자신들의 수호성인 조각상을 아름답고 크게, 그것도 청동으로 조각해 놓아, 우리 길드보다 더 훌륭한 명예를 얻었다. 그래서 대리석으로 수호성인을 조각한 우리 길드의 회원들은 다른 길드 대표들로부터 조롱을 받았다"라고 적혀 있다(1427년 4월 11일). 이날 회의에서 그들은 기존에 제작한 대리석 조각상을 두오모 성당에 175플로린(약 1억 4000만 원)을 받고 넘기기로 결정했다. 이 사업을 수행하는 데 걸림돌이 되는 모든 법적 규제는 자신들이 알아서 폐지해주겠다는 단서도 달았다. 물론 자신들과 경쟁 관계에 있었던 양모·의류 무역상인 길드 및 은행가 길드가 제작한 청동 조각상보다 더 크게 제작할 것을 부탁했다. 조각가는 앞서 두 길드들의 수호성인을 제작한 조각가 기베르티로 정했다. 총 예산으로 1000플로린(약 8억 원)을 책정했다.

양모 제조업자 길드의 수호성인은 초기 교회의 집사로서, 행정 관리

기베르티, 양모 제조업자 길드의 수호성인 〈성 스테판〉 청동 조각상, 오르산미켈레 교회 2층, 1426년.

도나텔로, 의류 제조 도매상들의 수호성인 〈성 마르코〉 대리석 조각상, 오르산미켈레 교회 2층, 1411년. 대리석으로 조각된 작품인데, 청동처럼 보이기 위해 대리석 조각상을 청동으로 도금한 흔적이 지금도 남아 있다.

능력이 뛰어났던 성 스테판St. Stephen으로 선정되었다.[20] 〈성 스테판〉 청동 조각상은 이렇게 길드 간의 경쟁 속에서 탄생했다. 각 길드는 유명 조각가를 모시기에 바빴고, 당대 최고의 청동 주물 기술을 발휘하던 기베르티의 공방이 그중에도 가장 바빴다. 후에 도나텔로가 메디치 가문으로부터 많은 주문을 받게 되는 이유도, 그가 청동 주물 기술의 대가였던 기베르티의 조수로서 주물 기술을 배울 수 있었기 때문이다.[21]

소 길드들의 애환이 담긴 대리석 조각상들

이제 진품 조각상들이 보존된 교회 2층으로 올라가보자. 그런데 소 길드들의 조각상을 보면 비싼 청동이 아니고 저렴한 대리석인데 하나같이 푸른색을 띄고 있다. 보존을 소홀히 해서 이끼가 낀 것이 아니다. 경제적 이유 때문이었다. 당시 부유했던 대 길드들은 제작비가 많이 들어도 재질이 물러 오래 보존할 수 없는 대리석보다 청동을 선호했다.

하지만 재원이 부족해 대 길드의 지원을 받을 수밖에 없었던 소 길드들은 상대적으로 저렴한 대리석으로 수호성인을 조각해야만 했다. 자신들의 대리석 수호성인 조각상이 대 길드 수호성인 조각상처럼 청동으로 보이게 하기 위해 청동으로 도금을 한 것이었다. 그러나 세월이 지나 도금이 벗겨지면서 이끼가 낀 것 마냥 푸른색이 남았다. 한때 동등한 지위를 누리던 대 길드와 소 길드의 관계가 수직적인 관계로 전환됐음을 보여주고 있다고 할 수 있다. 르네상스 시대 예술작품의 예술성도 돈의 위력에 좌지우지되는 것일까. 약간 씁쓸한 느낌이 든다. 오르산미켈레 교회 벽면의 조각상들은 당시 길드 사이의 관계가 그대로 기록된 역사적인 유산이다.

길드 정부 황금시대의 모습―인문학이 부활하는 순간

소수의 부유한 상인이 주인 행세를 하던 길드 정부 황금시대의 피렌체는 서유럽에서 가장 부유했다. 하지만 피렌체 정부의 재정은 계속 악화되어갔다. 호전적인 밀라노 총독의 지속적인 침공으로 피렌체 정부가 비싼 용병을 고용해야 해야 했기 때문이다(1401~1428년). 그때마다 권력을 장악한 소수의 부유한 상인들은 자신의 부를 활용하고, 시민들을 독려해 외우내환의 위기를 극복해냈다.

이 과정에서 부유한 상인들은 "국가는 이제 더이상 성직자의 주기도문만으로는 통치되지 않는다"는 사실을 몸소 체험했다. 피렌체라는 공동체를 지켜나가는 것에 성직자의 주기도문이나 부자의 돈만으로는 한계가 있다고 느낀 권력자는 시민들의 적극적인 참여가 절실하다는 사실을 깨달았다. 이러한 인식의 전환점에서 시민들에게 자긍심을 높여주고 소속감을 심어줄 수 있는 인문학의 필요성이 대두됐다. 인문학이 부활하며 르네상스가 시작하는 순간이다.

이제 부유한 상인들의 후원을 받는 인문주의자들이 나타나고 피렌체 시민들의 애국심과 자긍심을 높이는 『피렌체의 찬가Laudatio florentinae urbis』나 선조들의 승리의 순간을 기록한 역사서들이 등장한다. 또 시민들에게 감동을 주어 그들의 참여를 유도하고, 공동체의 일원으로서 갖추어야 될 덕목을 권하기 위해 고대 로마 제국의 수사학, 윤리학과 관련된 문헌들도 부활한다.[22] 피렌체 정부에서 서기장 직을 맡고 있었던 살루타티Coluccio Salutati, 1331~1406나 그의 제자 레오나르도 브루니Leonardo Bruni, 1370~1444 같은 학자가 대표적으로 이런 역할을 주도했다. 정부의 통치 원리를 고대 로마의 문헌에서 찾고, 무지한 시민들을 깨우치고 이런 인문학자의 활동을 중세기사도 정신을 찬양하고 강조하던『롤랑의 노래』와 같은 인문학과 비교해서 '시민 인문주의Civic Humanism'라 부른다.[23]

한때 피렌체라는 공동체를 지켜주는 신성의 교회라 굳게 믿었던 두오모 성당은 공동체의 일원으로서 갖추어야 될 시민 정신의 이상을 되새기는 공간으로 재탄생하게 된다. 이 과정에서 주교가 행사하던 세속 권력은 빛이 바랜다. 권력을 장악한 소수의 길드 대표들은 분열되어 있던 길드의 힘을 공동체를 수호하는 방향으로 전환시키기 위해 조합주의적 이상을 가치로 내세웠다. 흑사병이 발발했을 때 액막이용으로 효험을 발휘했던 오르산미켈레 교회가 길드들의 수호성인 조각상 경연 장소가 되는 것도 이러한 배경 때문이다.

피렌체는 이러한 위기를 극복해나가면서 영적 세계와 세속세계가 현저하게 분리되고, 세속세계에서는 인문학이 부활하는 동시에 조합주의적 이상이 펼쳐지게 된다. 피렌체는 서유럽의 다른 어떤 도시국가들보다도 젊어지고 르네상스 문명의 핵심에 가까이 다가가고 있었다. 하지만 안타까운 것은 이 시기의 문명은 시민들을 위한 문명이 아니고 상류층만을 위한 문명이었다는 점이다. 상류층에게만 치우친 문명의 불만을 알아채고 그 틈새를 공략한 인물이 바로 메디치 가문의 수장이었던 코시모 데 메디치였다.

OPA 문장의 의미

피렌체 성당이나 큰 박물관에 가면 바닥에 'OPA'라 새긴 문양이나 깃발을 흔히 볼 수 있다. 도대체 무슨 의미를 지닌 것일까? 피렌체를 방문하는 관광객들이 궁금해하는 것 중 하나다.

1100년대 초반부터 피렌체는 오페라Opera라는 기관을 설립해 교회나 공공건물을 관리하고 감독하고 있었다(OPA는 Opera의 줄임말이다). 오늘날의 '건물관리위원회' 정도로 보면 무리가 없을 듯하다. 세월이 지나면서 이 오페라는 길드 회원 중에서 정부에서 임명한 길드의 대표와 성직자, 그리고 석공들로 구성된 6~8명의 위원들(operai)에 의해 운영되었다. 위원들 중에서 건축이나 교회를 장식하는 석공이나, 조각가 들을 선정하고 소요되는 비용을 조달하는 책임을 진 위원들은 길드의 대표들이었다. 그리고 작품이 완성되면 오페라 위원들이 작품을 평가하고 값을 매겼다. 이와 같이 교회의 재정을 관리하는 최종 책임은 길드의 대표들이 맡았다.

교회를 신축하는 막대한 재원이 소요되는 일에는 건물관리위원회 위원들이 십일조 헌금을 직접 거두어들였다. 세월이 지나면서 경제력을 상실한 성직자의 역할은 점점 줄어들고, 재정을 책임진 길드 대표들의 역할이 커지자, 대부분의 피렌체 성당이나 수도원 들이 정부의 소유로 넘어가게 된다.

두오모 성당도, 1296년 산 레파라타 교회를 허물고 새로이 짓는 '산

OPA 문장, 두오모 성당 바닥.

타 레파라타 교회 건물관리위원회Opera di Santa Reparata'가 조직되었고, 최종 책임은 양모·의류 무역상인 길드가 맡았다. 이 위원회의 이름이 바뀌어 '두오모 건물관리위원회Opera del Duomo'라 불렸고, 오늘날까지 두오모 성당과 '세례자 요한을 모신 세례당(피렌체 세례당)', 그리고 두오모 박물관 관리를 책임지고 있다.

"피렌체 공화정 정부는 수전노와
가난한 사람들에 의해서는 유지되지 않는다."
— 팔라 스트로치[1]

| 역사 | | 밀라노 피렌체
재침공
1401~1402년 | 흑사병 창궐
1401년 | 피렌체의
피사 점령
1406년 |

건축

피렌체 세례당 개축
1308년

조각

〈다비드〉
대리석 조각상
1408년

회화

〈산 로마노 전투 1〉
1450년, 런던

예술가 · 학자

로렌초 기베르티
1378~1455년

파올로 우첼로
1397~1475년

넷째 날

메디치 가와의 운명적인 포옹

(1402~1434)

서방교회의
대분열 시기 종언
1417년

루카와의 전쟁
1432년

코시모 추방
1433년

도나텔로의 방
바르젤로 국립박물관

〈천국의 문〉
1425~1452년

〈다비드〉
청동 조각상
1440년

세례당 내부 전경

〈산 로마노 전투 2〉
1450년, 피렌체

〈산 로마노 전투 3〉
1450년, 파리

마사초
1401~1428년

레온 바티스타 알베르티
1404~1472년

"가급적 시청사에 먼저 들르지 말고 부를 때까지 기다려라! 대중들의 눈에 띄는 행동은 자제해라. 시기와 질투는 물을 주지 않아도 자라나는 씨앗 같기 때문이다." 메디치 가문의 수장이 될 코시모에게 아버지 조반니Giovanni di Bicci de' Medici, 1360~1429가 들려준 이야기였다. 하지만 악명 높은 밀라노 총독과 나폴리 왕이 연이어 피렌체를 침공해오자 메디치 가문도 시청사에서 열린 회의에 불려 갔다. 전쟁에 필요한 재원을 마련하는 회의에 당시 피렌체에서 두번째로 부자였던 메디치 가문이 빠질 수가 없었기 때문이다. 1402년, 메디치 가문과 피렌체 정부 사이의 운명적인 포옹은 이렇게 첫 단추를 끼우게 된다.

밀라노와 나폴리의 침략에 직면한 피렌체 정부는 용병을 고용해 전쟁을 치르는 것 외에 별다른 도리가 없었다. 용병을 고용해 전쟁을 치를 때마다 엄청난 재정이 소요되었다. 그때마다 피렌체 정부는 공채를 발행해 부유한 가문들에게 강제로 할당했다(당시 공채 이자는 5퍼센

아뇰로 브론치노(Agnolo Bronzino), 〈조반니 디 비치의 초상〉, 1559년, 우피치 미술관. 코시모의 아버지 조반니 디 비치는 사촌이 운영하는 로마 은행의 행원에서 시작해서 메디치 은행을 설립하고, 메디치 가문의 경제적 기반을 마련한 사업가다. 스트로치 가문에 이어 피렌체의 두번째 부자로, 두 아들(코시모와 로렌초)에게 17만 8000 플로린(한화 1400억 원 상당)을 물려주었다. 그는 자신을 드러내지 않는 신중한 성품의 소유자였다. 자손들에게 시청사에게 자주 들르지 말 것을 당부할 정도로 정치와 거리를 두었다. 예순여덟의 나이에 눈을 감으면서 후손들에게 공정성 시비에 휘말리지 않고, 시민들로부터 지지를 받을 수 있는 처신을 강조했다.

트 정도였다). 그리고 분쟁을 외교적으로 해결해야 될 경우, 외국에 파견하는 대사를 부자들 중에서 임명했다. 당시 외교관은 오늘날처럼 보수를 받는 것이 아니고 수행원의 여비도 자비로 부담해야 했기 때문이다. 이렇게 정부가 부자들의 도움을 받게 되면서, 피렌체 정부의 권력은 자연스레 7대 부자 가문들의 손으로 넘어가게 되었고, 이 부자 가문 그룹에 메디치 가문도 있었다.[2] 이들 7대 가문들에게는 권력의 안정을 위해서 지켜야 될 불문율이 있었는데 바로 중용과 화해라는 덕목이었다. 특정 가문이 고개를 들면 다른 가문들이 연합해 견제할 정도로 특정 가문이 다른 가문의 우위에 서는 것을 용납하지 않았기 때문이다.

하지만 교활하고 잔혹하기로 소문난 밀라노 총독 필리포 마리아 비스콘티Fililpo Maria Visconti가 피렌체를 계속 침공하자, 피렌체 정부는 서둘러 전쟁을 담당할 비상기구인 '10인 위원회(Dieci di Baliae)'를 설치하였고 메디치 가문에서는 나이든 아버지를 대신해 아들 코시모가 위원이 되었다(1423년).[3] 10인 위원회 위원들은 밀라노와 전쟁을 하자는 매파와 배상금을 주고 화해를 하자는 비둘기파로 나뉘어 논쟁을 벌였다. 메디치 가문의 대표로 참석한 코시모는 매파였다. 이 과정에서 메디치 가문을 지지하는 강경파와 메디치 가문에 반대하는 온건파 사이에 반목이 싹트기 시작한다.

하지만 코시모를 중심으로 뭉친 매파의 뜻대로 전쟁은 끝나지 않았다. 밀라노와 전쟁은 무려 5년을 끌게 되고, 전쟁 비용만 무려 350만 플로린(우리 돈으로 약 2조 8000억 원)이 들었다. 세금을 올리지 않고서는 국가의 재정을 지탱하기가 어려웠다. 국가 재정을 책임지는 직책(Ufficiali del Monte)을 맡은 코시모는 부동산뿐만 아니라 투자 금액에도 세금을 부과하는 '재산평가세(Castato)'를 도입해 세수를 확보했다(1427년).[4] 당연히 부자들은 반발했고, 전쟁이 일어날 때마다 돈을 빌려 강제로 공채를 사야 했던 가난한 시민들은 메디치 가문에게 박수를 보냈다. 당시 권력을 손에 쥔 부자 가문들은 위협을 느끼기 시작했다. 1420년대 후반에서 1430년대 초반의 메디치 가문은 피렌체 정가의 뜨거운 감자였다.

당시 피렌체 유력 가문 출신으로 중도적인 성향을 보여온 니콜로 우차노Niccolò da Uzzano는 이런 이야기를 남겼다. "당신들이 메디치 가문

야코포 폰토르모(Jacopo da Pontormo), 〈코시모 데 메디치의 초상〉, 1518~1519년, 우피치 미술관. 코시모는 아버지로부터 물려받은 막대한 유산으로 메디치 은행을 확장시켜, 많을 때는 서유럽 전역에 여덟 개의 지점과 스물두 개의 사무실을 두었다. 서유럽 최고의 부자로 한해 수입이 100년 후 엘리자베스 여왕 시절 영국 전체의 국고 수입보다 많았다. 이러한 막대한 재산을 기반으로, 막후에서 피렌체를 30년 동안(1434~1464년) 실질적으로 지배했던 권력자였다. 키는 중간 정도였고 짙은 올리브색 얼굴빛에 매부리코를 한 모습이었다. 성품은 날카롭지만 절도가 있고 강인했다. 두 아들에게는 성숙한 행동, 가문의 명예, 그리고 경건한 신앙심을 강조했다. 가족의 고질병인 통풍으로 75세로 사망하자 피렌체 시의회는 고대 로마제국 황제들에게 주어지던 '국부(Pater Patriae)' 칭호를 그에게 부여했다.

도나텔로, 〈니콜로 다 우차노의 흉상〉, 채색된 테라코타, 1430년대, 바르젤로 국립박물관 2층 도나텔로의 방.

을 추방할 수 있다고 가정해보자. 여기 이 자리에는 메디치 가문의 친구들이 많이 남아 있고, 그들은 메디치 가문의 귀환을 위해 노력할 것이다. 당신들이 무슨 수로 메디치 가문이 돌아오는 걸 막겠는가? 그를 몰아내려 할수록 더 많은 적을 만들게 된다. 그리고 그가 다시 돌아오면, 당신들이 추방될 것은 자명하다. 반대로 메디치 가문의 우두머리들을 살해하여 영구 추방한다고 가정해보자. 우리 공화국에는 아무런 이득이 없다. 다른 가문(리날도 알비치Rinaldo Albizzi)의 지배를 받게 될 것이 뻔하기 때문이다. 어쩐지 불길한 예감이 든다."[5] 메디치 가문은 나머지 부자 가문들이 이러지도 저러지도 못하는 상황을 극복하고, 60년 동안 피렌체 권력을 장악하게 된다.

⟨David⟩

도나텔로의 걸작 ⟨다비드⟩ 조각상

인문학자들,
코시모를 지도자로 추대하다

연인 베아트리체를 그토록 사랑했던 단테는 피렌체 법원으로부터
피렌체에서 영구 추방 명령을 받는다(1302년). 단테에게 이 비극적인
판결이 내려졌던 그 법정이 바로 바르젤로 국립박물관 2층에 있는 '도
나텔로의 방'이다. 이 방에 전시된 도나텔로의 걸작품 ⟨다비드⟩ 조각상
은 이곳을 찾는 관광객의 인기를 늘 독차지하고 있다. 하나는 대리석
으로, 다른 하나는 청동으로 제작되었다.

다비드는 우리들에게 '거인 골리앗과 싸우는 다윗'으로 더 잘 알려
져 있다. 양치는 목동이었던 다비드는 이스라엘을 침공한 거인 골리앗
을 돌팔매로 물리쳐, 하루아침에 이스라엘을 위험에서 구한 영웅이다.
그래서 다비드는 신의 축복을 받은 전사를 묘사하거나, 위기에 처한
국가가 신의 은총을 기대하는 상황에서 자주 등장하는 주제다. ⟨다비
드⟩ 청동 조각상에서 메디치 가의 수장 코시모가 인문학자들로부터 차
기 지도자로 추대받는 과정을 살펴볼 수 있다.[6]

도나텔로, 〈다비드〉, 대리석,
1408년, 바르젤로 국립박
물관 2층 도나텔로의 방.

도나텔로, 〈다비드〉, 청동,
1440년, 바르젤로 국립박
물관 2층 도나텔로의 방.

인문학의 필요성을 역설하고 있는 〈다비드〉

청동 조각상 〈다비드〉는 나신의 목동 다비드가 칼을 손에 쥐고, 헬멧을 쓴 골리앗의 머리를 발로 짓밟고 있는 형상이다. 언뜻 보면, 거인 골리앗을 죽인 장면을 극적으로 표현한 것처럼 보이기도 한다. 하지만 발밑에 깔린 머리의 헬멧을 자세히 보면 날개 달린 뱀 한 마리가 조각되어 있는 걸 알 수 있다. 이 뱀은 다름아닌 피렌체를 침공한 밀라노 총독 가문(비시아biscia)의 문장이다. 조각가는 뱀을 새겨넣어 다비드의 발밑에 깔린 헬멧을 쓴 군인을 밀라노 총독에, 밀라노 군대를 물리치고 피렌체에 평화를 가져다주었지만 안타깝게 사망한 용맹한 피렌체 장군 난니 스트로치Nanni Strozzi를 다비드에 빗댄 것이다. 이는 용맹스러운 장군의 죽음을 추모하기 위해 제작된 작품이었고 피렌체 시민들에게 자긍심을 주기에 충분한 소재였다. 하지만 이 작품에는 더 많은

〈다비드〉, 청동 조각상
세부.

의미가 담겨 있다.

1428년 4월 어느 날, 피렌체 시청사가 있는 광장에서는 이 장군을 추모하는 기념 행사가 열리고 있었다. 이 자리에서 당시 피렌체 정부의 서기장이었던 레오나르도 브루니는 들고 있던 종이 두루마리를 큰 소리로 읽어나가기 시작했다. "피렌체가 더할 나위 없는 행복을 맞이하기에 부족한 것이 하나 있다. 그것은 바로 피렌체 시민들을 위한 최상의 지식을 연구하는 기관이다. 지식 속에 시민의 삶이 완전해지고, 인간과 신의 광휘가 자리잡는다. 고대의 도시 중 학문에 헌신하지 않고 번성한 사례를 본 적이 없다."[7]

메디치 가문의 후원을 받아 제작된 이 조각상은 밀라노와 전쟁에서 승리한 피렌체 영웅을 형상화한 작품이기도 하지만, 시들어가던 인문학의 부활을 선언한 역사적 장면을 묘사한 작품이기도 하다. 도나텔로는 하나의 작품에 중의적인 상징물들을 잘 배치해내는 재능 덕택에 메디치 가문으로부터 많은 작품을 주문받은 대표적인 조각가였다.

인문학자들을 후원하며 정치적 기반을 넓혀간 코시모

도나텔로의 청동 조각상에서 주목해야 할 것 또하나는 다비드의 발목에 새겨진 날개다. 이는 제우스의 전령인 헤르메스, 즉 머큐리가 신의 뜻을 신속히 전하기 위해 하늘을 날 때 사용하던 날개로, 당시 인문학자들은 머큐리를 모든 예술과 재능을 낳은 수호신으로 받들어 인문학자들의 모임을 '머큐리의 회원Mercuriales Viri'이라 칭했다.[8] 다비드 발목 뒤쪽에 머큐리의 날개를 조각해놓은 것은, 시민들에게 인문학의 중요성을 강조하기 위한 수사적 표현이다.

피렌체가 밀라노와 15년간의 전쟁을 치르는 동안 예술과 학문에 대한 국가의 지원은 소홀해졌다. 한때 3000플로린이었던 지원 금액이 200플로린으로 대폭 축소되었다. 이 사정을 알게 된 메디치 가문의 수장 코시모는 피렌체 대학Universita degli Studi di Firenze을 적극적으로 후원하기 시작했다.

이런 분위기를 타고 코시모는 인문학자들도 후원했다. 그중에서도 타 지역 출신으로 시민권이 없었던 레오나르도 브루니에게 시민권을 주도록 주선하고 그가 서기장 직위에 오르는 데 결정적인 도움을 줬다.[9] 아마 이 학자가 메디치 은행에 여윳돈을 맡겨놓은 것도 한몫했을 것이다. 또 코시모는 서유럽에 흩어져 있는 메디치 은행의 지점장들에게 고서를 수집하게 하고, 니콜로Niccolo Niccoli라는 상인에게는 돈을 줘 800여 권의 책을 수집하기도 했다.[10] 서유럽 전역의 메디치 은행 지점을 통해 들어오는 모든 정보를 접할 수 있었던 코시모는 인문학자들과 교류가 이렇게 남달랐다. 코시모와 이 현실주의적인 인문학자의 관계는 여기서 한발 더 나아간다.

인문학자의 글을 통해 차기 지도자로 은밀히 추대된 코시모

피렌체 정부의 서기장이었던 레오나르도 브루니는 소수의 부자들이 권력을 장악하고 있는 피렌체 정부가 오래 지속하지 못할 것이라 여겼다. 부자들의 경제적 상황에 따라 권력이 불안정해지면 결국에는 국가가 불안정해질 것으로 보았기 때문이다. 아무리 부자라도 덕목을 갖추

미켈로초(Michelozzo di Bartolommeo), 산 마르코 수도원 도서관, 1437~1452년. 산 마르코 수도원 2층. 이 도서관에서 보관하고 있던 장서들은 후에 미켈란젤로가 지은 산 로렌초 교회 도서관으로 이관되었다.

어야 존경을 받을 수 있고, 그래야 권력이 지속 가능하다고 보았다. 이 현명한 인문학자는 차기 정권의 지도자로 안정된 부와 인문학적 교양을 갖춘 코시모를 지목했다. 피렌체 부자들 중 코시모가 가장 문명화된 지도자로 보였기 때문이었다.

레오나르도 브루니는 그가 번역한 아리스토텔레스의 책 『니코마코스 윤리학』 서문에 이렇게 썼다. "크지 않아도 값진 것일 때가 있습니다. 정교하게 다듬어진 돌과 보석 들이 대표적인 사례지요. 그래서 작은 사람들이 거인을 물리칠 때가 있는 것입니다. 코시모 경! 이 책의 페이지 수가 적다고 버리지 마십시오. 비록 페이지 수는 적지만 이 책은 권력을 얻고 시민들로부터 존경을 받을 만한 가치 있는 것으로 가득합니다."[11] 그가 이 책을 코시모에게 헌정한 것도 모두 의도가 있기 때문이었다. 이렇게 코시모는 인문적 교양을 쌓은 지도자로 인문학자들의 지지를 받게 되면서 자신의 정치적 기반을 확대해갈 수 있었다. 인문학자들은 돈만 있으면 피렌체의 지도자로 추대받는 당시의 상황을 창과 칼로 지도자가 될 수 있던 야만적인 고대와 다를 바가 없다고 본 것이다.

하지만 권력이란 인문학자의 글로만 얻어질 수 있는 것은 아니었다. 자신의 권력을 지켜줄 군사력도 뒷받침되어야 했다. 코시모에게는 자신을 지지해줄 인문학자 레오나르도 브루니 외에도 그 옆을 든든히 지켜줄 용병대장 토렌티노가 있었다.

〈Battaglia di San Romano〉

메디치 가문이 야밤에 훔친
〈산 로마노 전투〉

코시모를 구한 용병대장

1700년대 중반 피렌체에서는 딸의 결혼 지참금으로 현금 대신 미술 작품을 보내는 관습이 있었다. 이런 와중에 외국의 미술 중개상의 눈에 띈 작품은 외국으로 팔려나갔지만, 그렇지 못한 작품들은 우피치 미술관의 어두운 지하 창고에 쌓이는 신세가 됐다. 당시만 해도 전시 공간이 부족했기 때문이다. 르네상스 시대 화가 파올로 우첼로가 그린 〈산 로마노 전투〉 세 작품도 같은 신세였던 것 같다. 현재 세 점 중 두 점은 외국으로 팔려나가 한 점은 영국 국립 미술관에, 다른 한 점은 프랑스 루브르 미술관에 보관되어 있다. 나머지 한 점은 무관심 속에 우피치 미술관 지하에 오랫동안 갇혀 있다가, 한참 후에나 세상에 알려지게 된다(1901년). 지금이야 당대 최고의 화가였던 마사초^{Masaccio}나 프라 안젤리코^{Fra Angelico}의 작품과 우피치 미술관에 나란히 전시되어 있지만, 이 작품은 한때 이렇게 홀대받는 작품이었다.

우첼로가 그린 세 점의 〈산 로마노 전투〉는 홀대받을 작품이 아니다. 화가가 전 생애에 걸쳐 몰두한 새로운 시도, 즉 원근법이 완벽하게 시현된 그 창조적 예술성은 두말할 나위가 없다. 또한 이 세 점의 그림은 메디치 가문이 남의 저택에 걸려 있는 작품을 야밤에 몰래 훔쳐올 정도로 메디치 가문에게는 아주 소중한 작품이기도 했다. 무엇 때문에 메디치 가문은 이렇게 이 작품에 애착을 가졌던 것일까?

무더운 여름, 긴박했던 산 로마노 전투가 벌어진 하루

〈산 로마노 전투〉는 피렌체가 산 로마노 계곡에서 이웃 도시 루카의 군대를 앞세워 침공해온 밀라노 군대를 물리친 장면을 묘사한 작품이다.[12] 하루 동안에 벌어진 전투를 아침, 점심, 저녁 3부작으로 나누어 그렸다. 1432년 6월 1일, 햇볕이 쨍쨍 내리쬐는 한여름에 습하기로 소문난 계곡에서 시작된 전투의 제1막은 이러하다. 성질이 급하고 충동적인 피렌체 용병대장 토렌티노는 지원군을 기다리지 않고 성급하게 진군의 나팔을 불었다(중앙에 보이는 용병대장 옆 나팔수들이 볼을 부풀려 힘껏 나팔을 불고 있다). 하지만 전세가 불리해지자, 후방에 진을 치고 있던 다른 용병대장 미켈레토Micheletto에게 급히 지원을 요청한다. 오른쪽 상단에 피렌체 깃발을 든 두 명의 전령이 말을 타고 산 위로 달려가는 형상은 당시 전투의 절박함을 묘사하고 있다. 용병대장은 헬멧이 아니라 둥근 도넛처럼 생긴 천으로 만든 모자를 쓰고 있는데 이 모자는 마초키오mazzochio라는 피렌체 귀족이 즐겨 쓰던 모자다. 원근법에 심취해 있던 화가는 이 모자에도 원근법을 적용하기 위해 무진 애를 썼다. 그래서 이 모자는 '원근법 모자'로도 불렸다.

루카와 밀라노 연합군대와 피렌체 군대 사이에 전투가 벌어진 산 로마노 계곡.

파올로 우첼로, 〈산 로마노 전투〉(첫번째 그림). 위험에 처한 토렌티노 장군을 그렸다. 템페라 화,
1438~1440, 런던 국립미술관.

두번째 그림은 피렌체 군과 밀라노 군의 치열한 전투 장면을 묘사한 것이다. 전투를 상세히 기록한 연대기에 의하면, 이 전투는 한여름 중에도 햇볕이 가장 강렬한 한낮에 치러져, 갑옷을 입은 군인들은 땀으로 흠뻑 젖고 목이 말라 그 고통을 이루 헤아릴 수 없었다고 한다. 배경이 어두워서 잘 안 보이지만, 작품 왼쪽 상단 세번째와 네번째 창 사이에 세 명의 병사들이 물을 퍼 올리는 형상이 있다. 치열한 전투가 지속되면서, 결국 백마를 탄 적군의 장수 베르나르디노 델라 차르다Bernardino della Ciarda가 말에서 떨어졌다. 피렌체 군대가 어렵게 승기를 잡았다. 전투가 얼마나 치열했던지, 바닥에는 부러진 창, 이리저리 뒹구는 헬멧이 그려져 있다. 화가는 그 와중에도 당시 원근법을 표현하는 도구로 흔히 사용하던 바둑 무늬 모양을 한 원근법 모자를 그려넣는 것을 빠뜨리지 않았다. 이 화가의 원근법에 대한 집착, 참 대단하다.

저녁 무렵이 되어 미켈레토가 이끄는 지원병이 도착하자, 피렌체 군대의 두 배가 넘는 적군이 퇴각을 하면서 전쟁은 피렌체의 승리로 끝을 맺는다. 프랑스 루브르 박물관에 전시된 〈산 로마노 전투〉의 세번째 작품은 이렇게 마무리된다.

코시모를 죽음의 목전에서 구한 용병대장 토렌티노

사실 〈산 로마노 전투〉는 살림베니 가문의 수장, 바르톨로니 살림베니Bartoloni Salimbeni가 자신의 책임으로 시작된 전쟁의 영광스러운 승리를 후손들이 두고두고 기리게 하기 위해 주문한 작품이다.[13] 후손들은 이 작품을 저택에서 가장 안전한 침실 벽면에 걸어놓았다. 어찌 보

파올로 우첼로, 〈산 로마노 전투〉(두번째 그림). 적장을 말에서 떨어뜨리는 토렌티노 장군을 그렸다.
템페라 화, 1438~1440, 피렌체 우피치 미술관.

면 메디치 가문과 이 작품은 아무런 연관이 없어 보인다. 그런데 왜 메
디치 가문은 야밤에 살림베니 가문의 침실까지 침입해 붙어 있던 작품
을 떼어 갔을까?

　사실 메디치 가문의 반대편 세력은 모두 이웃 도시 루카와의 전쟁
을 피하고 싶었다. 용병을 고용하는 데 필요한 비용 때문이었다. 하지
만 메디치 가문은 이 전쟁을 적극 지원하고 나섰다. 메디치 가문에 맞
서는 귀족들을 공공연히 독재자라고 비난하는 용병대장 토렌티노에게
메디치 가문이 거액의 돈을 빌려주었다는 소문이 나돌았다. 반대파가
생각하기에, 용병대장 토렌티노는 메디치 가문의 개인 사병이나 다름
이 없었다.

〈산 로마노 전투〉(세번째 그림). 피렌체 지원군의 도착 상황을 그렸다. 템페라 화, 1438~1440, 파리 루브르 미술관.

　결국 메디치 가문의 반대파들은 메디치 가문의 수장 코시모와 친척들을 옥에 가두고 사형에 처하기로 했다. 메디치 저택에 남아 있던 메디치 가문 사람들은 이 사실을 용병대장에게 즉시 알렸다. 이를 알게 된 용병대장은 군대를 이끌고 피렌체 시청사 앞에 집결해, 메디치 가문 사람들을 놓아주라고 시위를 했다.[14] 만약 용병대장이 코시모의 사주를 받고 말머리를 돌려 자신들에게 창을 겨누면 끝장이었다. 위협을 느낀 반대파들은 하는 수 없이 메디치 가문을 10년 동안 추방하는 것으로 사건을 마무리하게 된다. 메디치 가문에게 이 용병대장은 생명의 은인이었던 셈이다.

바치오 다뇰로(Baccio d'Agnolo),
〈살림베니 저택(Palazzo Bartoloni
Salimbeni)〉, 1532년, 산타 트
리니타 광장. 창문 기둥에 라틴어
로 "일찍 깨어 있으라!(Per Non
Dormire)"라는 글귀가 새겨져 있
다. 상인 출신의 이 가문은 품질이
좋은 상품을 얻기 위해서는 아침 일
찍 일어나 경매에 참여하는 습관을
가져야 함을 뜻하는 이 경구를 저택
에 새겨넣었다.

그림을 몰래 훔치다

그사이 메디치 가문의 반대파들은 토렌티노에게 무리한 출정을 요
구했고, 그는 전쟁터에서 사망하고 만다. 후에 메디치 가문 사람들은
이 용병대장을 '메디치 가문의 순교자'라고 불렀다. 그래서 40여 년이
지난 후 메디치 가문의 후손들은 살림베니 가문에 이 용병대장이 전쟁
에서 승리하는 장면을 묘사한 〈산 로마노 전투〉를 건네줄 것을 끈질기
게 요구했다. 교황을 비롯해 유럽의 왕과 귀족 들이 방문하는 메디치

저택의 응접실 벽을 장식할 요량이었다.

하지만 이 가문의 후손들은 자신의 아버지의 주도로 승리한 전쟁이 기록된 작품을 순순히 넘겨주려 하지 않았다. 결국 메디치 가 사람들은 야밤에 목수(프란치오네Francione)를 앞세워 그림을 떼어 갔다(1479년).[15] 하지만 목수가 떼어 온 그림은 반원 모양이었는데, 메디치 저택의 응접실 벽면은 직사각형 모양이었다. 이 목수는 아무런 생각 없이 반원 모양의 그림 윗부분을 톱질했다. 이것이 바로 〈산 로마노 전투〉 세 작품 모두 하늘 없이 그려진 것처럼 보이는 이유다. 병사들이 들고 있는 창끝이 잘려나간 형태인 것도 이 때문이다. 호기심 많은 후대 예술가들이 최근 들어 이 작품을 엑스레이로 투시해보니, 작품의 오른쪽 끝 부분에 나무를 새로이 덧대고, 그 부분을 검은색으로 색칠을 해놓은 것이 발견됐다.

메디치 가문과 이런 인연으로 용병대장의 시신은 피렌체에서 가장 성스럽고 영광스러운 피렌체 대성당 지하에 안장되게 되고, 두오모 성당 벽면에 이 용병대장의 기마상도 그려지게 된다. 반대도 많았지만 메디치 가문의 돈과 그들 편으로 돌아선 인문학자들의 설득을 이길 수는 없었다.

산 로마노 전투의 승리를 계기로 피렌체 시민들의 자긍심을 높여주는 과업은 화가의 붓을 떠나, 이제 인문학자의 펜으로 이동한다. 피렌체 수호성인의 축일(6월 24일) 피렌체 시청사의 광장에는 용병을 칭송하는 글이 붙었다. "당신은 적군이 수적으로 우세함에도 불구하고, 가장 고귀한 승리를 이루어냈다. 그날 피렌체는 오랜 고통 속에서 회생하며 새로운 삶을 찾았다. 당신은 피렌체에 활력, 광명, 지식, 그리고 희망을 가져다준 영웅이다!"[16] 코시모로부터 각별한 후원을 받던 피렌체의 서기장 레오나르도 브루니는 산 로마노 전투의 승리자인 용병대장을 칭송함으로써 시민들의 자긍심을 높이고자 했을 것이다.

이처럼 청동으로 제작된 〈다비드〉 조각상과 〈산 로마노 전투〉에는 코시모가 인문학자들에 의해 차기 지도자로 추대받고, 반대파에 의해 처형당할 뻔한 위기에서 벗어나는 장면들이 담겨 있다. 르네상스 예술 작품을 잘 들여다보면, 글로 읽으면 지루한 사실들이 쉬이 읽히는 호사를 누리게 된다.

메디치 은행과 교황에 얽힌 이야기

두오모 성당 맞은편에 있는 세례당은 로마제국 시대에 전쟁의 신 마르스를 모시는 신전이었다. 후에 피렌체의 수호성인 세례자 요한을 봉헌하는 교회로 바뀌었다. '세례자 요한을 모신 세례당Battistero di San Giovanni'이 정식 명칭이지만 영어권에서는 '피렌체 세례당'이라고 부른다. 이 세례당은 피렌체 시민들이 세례를 받던 유일한 교회이기도 했다. 세례당은 피렌체 시민들의 신앙 생활 중심지로 두오모 성당과 함께 피렌체에서 가장 성스러운 교회이다. 그런데 기베르티가 조각한 〈천국의 문〉을 열고, 세례당 안으로 들어서면, 자신이 소집한 공의회에

'세례자 요한을 모신 세례당'은 원래 로마 제국 시대 전쟁의 신 마르스를 모시던 신전이었다. 현재의 로마네스크 양식의 건물은 1059년에 지어진 것이다. 이곳은 모든 피렌체 시민이 세례를 받는 곳으로 '피렌체 세례당'으로 통상 불린다.

서 자신이 추방당하는 굴욕의 순간을 맞이한 교황 요한 23세의 영묘가 떡하니 벽면을 채우고 있다. 왜 이 세례당에 추방당한 교황의 시신이 안장되었고, 그의 영묘까지 있는 것일까? 이렇게 된 배경에는 메디치 가문의 부를 일으킨 코시모의 아버지 조반니 디 비치와 교황과의 복잡한 돈 거래가 있다.

예나 지금이나, 돈을 버는 기회는 혼란과 위기에서 오는 모양이다. 코시모의 아버지가 사업의 기반을 세우던 1400년대 초반은 세 명의 교황이 서로 교황이라고 우기던 '교황의 대분열'의 시기였다. 이 혼란의 시기에 코시모의 아버지는 교황이 되기 위해 무슨 일이라도 할 것 같던 발다사레Baldassare Cossa 주교의 후원자가 되었다. 코시모의 아버지는 먼저 추기경 자리를 탐내던 이 주교에게 값비싼 보석으로 치장된 주교의 모자를 담보로 1만 베네치아 금화(약 80억 원)를 빌려주었다. 메디치 은행의 황금 덕분에 이 추기경은 교황 요한 23세로 선출되게 된다. 그러자 교황은 감사의 대가로 메디치 은행에게 교황청의 모든 자금운영권을 넘겨주었다. 이제 메디치 은행은 서유럽 22개의 국가에서 교황청으로 흘러 들어오는 막대한 황금을 관리하는 책임을 지게 된 것이다.[17]

그리고 그 대가로 메디치 은행은 교황에게 이익금의 일부를 넘겨주었다. 코시모의 아버지는 이 이익금을 메디치 은행의 비밀 장부(Libro segreto)의 현금 계정에 '선물'이라는 항목으로 교묘히 감추어두었다. 이렇게 돈이 오가는 과정에서 메디치 은행은 서유럽에서 가장 큰 은행으로 성장해갔고, 교황은 통치 자금을 마련할 수 있었다.

하지만 교황과 코시모의 아버지 사이의 밀월 관계는 오래가지 않았다. 교황의 추문이 확산되자, 새로운 교황을 선출하는 종교회의가 소집

도나텔로와 미켈로초(Michelozzo)의 공동 작품, 〈대립교황 요한 23세의 영묘〉, 1426, 세례자 요한을 모신 세례당(피렌체 세례당), 피렌체.

되었고(1414년), 요한 23세는 그 자리에서 체포되었다. 코시모 아버지가 몸값(7500플로린)을 지불하자 교황은 풀려나 피렌체로 망명했지만 곧바로 사망하게 된다. 쫓겨난 교황은 감사의 표시로 자신이 보관하고 있던 세례자 요한의 진품 손가락 유골을 피렌체에 넘겨주었다. 피렌체 권력을 장악한 코시모는 이 교황의 도움을 기리기 위해, 당대 최고의 조각가인 도나텔로에게 세례당 내부에 교황의 영묘를 세우도록 했다. 다른 사람들에게 요한 23세는 추방당한 교황이겠지만, 메디치 가 사람들에게는 은인이었다. 그래서 후임 교황들의 끈질긴 반대에도 불구하고, 영묘 하단에 아래에 "한때(quondam) 교황 요한 23세"라는 명문까지 새겨넣은 것이다.

"피렌체의 모든 정치적인 문제들은 코시모의 저택에서 논의되었다.
그가 추천한 사람이 고위 공직에 임명되었으며, 전쟁을 할 것인가 화친을 할 것인가는
코시모만이 결정할 수 있었다. 코시모는 칭호만 없었지 실제로는 피렌체의 왕이었다."

— 교황 피우스 2세[1]

역
사

코시모의 귀환
1434년

건
축

산티시마 안눈치아타
수도원 개축
1440년

산 로렌초 교회 개축
1419년

조
각

수태고지 성소 건설
1440년

회
화

〈수태고지〉
1252년

예
술
가
·
학
자

필리포 리피
1406~1469년

마르실리오 피치노
1433~1499년

베노초 고촐리
1421~1497년

다섯째 날

메디치 가의 황금시대
(1434~1464)

밀라노와 피렌체의
평화협정 체결
1449년

비잔틴 제국 멸망
1453년

코시모 사망
1464년

메디치 저택 신축
1444~1456년

(구) 성구실 개축
1441년

〈유디트와 홀로페르네스〉
1455년

〈설교단〉 1465년

〈동방박사 행렬〉
1459~1461년

〈아기예수에 대한
경배〉
1459년

메디치 가문의 수장이었던 코시모는 두 아들 피에로Piero, 조반니 Giovanni와 함께 추방당한 지 꼭 1년이 지난 1434년 10월 5일의 늦은 밤에 피렌체로 귀환했다. 아직 메디치 가문에 반대하는 적들이 시내 곳 곳에 남아 있어 눈에 띄지 않는 야밤을 택했던 모양이다. 사실 당시 정 치적인 상황에 비추어볼 때 코시모의 갑작스러운 귀환은 행운이었다. 마침 메디치 가문의 최대 정적(리날도 알비치)이 사업차 피렌체를 잠시 비웠을 때, 뜻하지 않게 메디치 가문에 우호적인 가문(아뇰로 아치아이 우올리Agnolo Acciaiuoli)이 정부의 수반으로 선출되었다. 또한 메디치 가 문과 친분이 있던 교황(에우제니우스 4세)이 피렌체에 머무르고 있었다. 사실 이 교황은 오래전부터 메디치 은행에 비밀리에 투자를 해오고 있 어 메디치 가문과 친할 수밖에 없었다. 메디치 가문에 우호적인 정부 최고 책임자가 코시모의 귀환을 결정하고, 교황이 메디치 가의 신변 보 장을 약속하면서 코시모는 무사히 피렌체로 돌아올 수 있었다.

조르조 바사리, 〈코시모의 귀환〉, 1556~1558년, 시청사 2층 코시모의 방.

　피렌체 권력을 확고히 장악한 코시모는 1434년부터 사망한 1464년 까지 무려 30년 동안 피렌체 정부의 실질적인 수장이었다. 코시모가 권력을 장악하고서 맨 처음 한 일은 도시를 재설계하는 작업이었다. 피렌체 도심을 재설계하는 과정에서 코시모는 건축가 및 조각가 들과 가깝게 지냈다. 두오모 성당의 돔을 짓고 있던 건축가 브루넬레스키, 조각가 도나텔로, 기베르티, 베로키오 등이 메디치 가의 후원으로 활발 히 활동한 것도 모두 이러한 배경에서다. 이렇게 코시모에 의해 피렌 체 도심에 새로운 건물들이 들어서고 조각품으로 교회가 장식되는 이 시기를 '메디치 가의 황금시대'라 부른다. 피렌체가 다시 젊어지는 참 이었다.

　이 시기에 코시모가 가장 관심을 두었던 지역은 바로 산 로렌초 교 구였다. 지금이야 메디치 저택, 산 로렌초 교회, 산티시마 안눈치아타

수도원, 산 마르코 수도원, 아카데미 미술관 등이 들어서 유명 관광지
가 되었지만, 당시에는 작은 여관들이 즐비하고 매춘부와 대장장이와
같은 가난한 수공업자들이 거주하던 피렌체에서 가장 낙후된 동네였
다. 코시모는 이 낙후된 지역을 재설계하여 메디치 가문만의 견고한
복합공간Medici Complex을 창조해낸다.

주교와 토착귀족들이 피렌체 권력을 장악하던 중세의 막바지에 피
렌체는 두오모 성당과 세례당이 있던 두오모 복합공간을 중심으로 발
전했다. 이어 주교와 토착귀족의 권력이 쇠퇴하고 그 자리를 상인들의

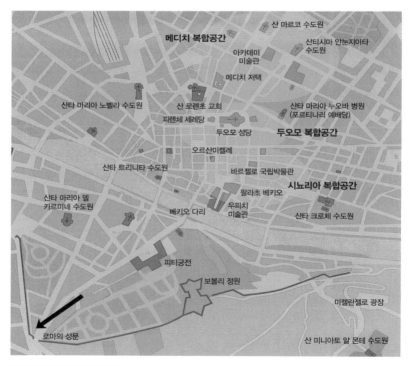

피렌체에 형성된 중심 공간들.

연합체인 길드가 차지하면서 피렌체는 시청사와 오르산미켈레 교회가 있는 시뇨리아 복합공간을 중심으로 발전했다. 피렌체의 주인이 된 코시모는 중세 주교와 대등한 권력을 누릴 수 있었고, 메디치 가 사람들이 거주하던 메디치 저택과 산 로렌초 교회, 그리고 산티시마 안눈치아타 수도원이 위치한 지역을 중심으로 르네상스 예술과 문화가 꽃을 피우게 된다.

	두오모 복합공간	시뇨리아 복합공간	메디치 복합공간
주인공	주교	신흥상인(길드)	메디치 가문
지지기반	토착귀족	길드·교황파	시민·교황파
정치적 근거지	주교의 관저	팔라초 베키오	메디치 저택
정치·신앙적 공간	두오모 성당 (세례당)	오르산미켈레 교회 (세례당)	산티시마 안눈치아타 수도원 (산 마르코 수도원)
사후를 위한 공간 (영묘)	두오모 성당	산타 크로체 수도원	산타 마리아 노벨라 수도원, 산 로렌초 교회

메디치 저택은 코시모가 메디치 가문의 종갓집 주인이 되면서 세운 저택이고, 산 로렌초 교회는 메디치 가문의 선영先塋 같은 곳이다. 산티시마 안눈치아타 수도원은 메디치 당파의 정치적 근거지였다. 이제 메디치 가문에 씌워진 신화의 허구를 한 꺼풀씩 벗겨보려고 한다. 그래야 메디치 가의 황금시대에 제작된 예술작품들을 신화적 허구가 아닌 인간의 시선으로 감상할 수 있다.

메디치 가 문장의 비밀

만들어진 신화

상인 출신으로 한때 서유럽에서 가장 부자였던 메디치 가문의 딸 카트린Catherine de' Medici이 프랑스 왕세자와 결혼하기 위해, 프랑스 마르세유에 도착했다. 프랑스 귀족들은 "어떻게 프랑스 왕족이 천한 상인 가문 출신과 결혼할 수 있느냐!"며 메디치 가문과의 결혼을 반대했다. 메디치 가문은 부자이긴 했지만, 귀족 출신이 아니었으므로 유럽 귀족들로부터 멸시를 받았다. 르네상스 시대에 무려 66만 플로린이란 막대한 돈을 후원해 피렌체를 서유럽 예술·문화의 중심지로 만들어놓은 메디치 가문도 이렇게 존경을 받지 못할 때가 있었다.

메디치 가문 사람들은 자신들이 귀족의 후손이라는 점을 보여주려고 메디치 가문의 문장과 결부시켜 신화를 지어내기 시작했다. 노란색 바탕에 여러 개의 붉은색 원들로 새겨진 가문의 문장에 신화의 상상력이 결합하자, 신화가 사실인 양 받아들여지기 시작했다. 하지만 신화는 허구이고 역사는 사실이지 않은가? 그들이 지어낸 이야기를 한번 들어보자.

조르조 바사리, 〈카트린 드 메디치의 결혼〉, 1548년, 팔라초 베키오 2층, 피렌체

메디치 가문에 대한 신화는 8세기 경, 그들의 고향인 무젤로Mugello
라는 지역에서 시작된다. 어느 날 메디치 가문이 모여 살던 마을에 철
퇴를 든 거인이 침입을 했다. 그러자 기사로서 그 지역의 방위를 책임
지고 있던 메디치 가문의 선조가 거인이 휘두르는 철퇴를 방패로 막아
그 거인을 물리쳤다고 한다. 방패에 여기저기 피 묻은 철퇴 자국이 남
게 되어, 오늘날 메디치 가문의 문장이 노란색 방패에 여러 개의 붉은
색 원(팔레Palle라고 한다)이 들어간 모양이 되었다는 것이다. 중세 시대
기사 계급은 귀족이었기 때문에 메디치 가문은 이렇게 자신들의 선조
를 기사로 묘사하여 귀족 출신이라는 그럴싸한 신화를 만들어냈다. 메
디치 가 사람들은 이것만으로 안심이 안 되었는지, 메디치라는 성姓이
유래한 배경에 대해서도 신화를 덧씌웠다.

미켈로초, 카파지올로 별장(Villa di Cafaggiolo), 1430년대, 피렌체 외곽 무젤로. 코시모의 주문으로 메디치 가 사람들의 고향인 무젤로에 세운 별장이다. 피렌체에서 약 30킬로미터 북쪽에 위치한 이 지역 주변은 토지가 매우 비옥한 피렌체의 곡창 지대였다. 현재는 외국 은행이 이 별장을 매입해 복합 리조트로 개발중이다.

이탈리아가 야만인의 침입을 받았던 8세기 후반, 이탈리아는 프랑스 황제 샤를마뉴 대제에게 도움을 청한 적이 있다. 전쟁 도중에 프랑스 황제가 부상을 당했는데, 메디치 가 사람들 중에 외과 수술에 능한 외과 의사가 황제를 살렸다고 한다. 당시 외과 의사를 메디코medico라 불렀고, 그래서 이 가문이 메디치Medici라는 성을 갖게 되었다는 것이다. 이렇게 전해내려오는 이야기만을 듣다보면, 메디치 가문이 정말 기사 계급 출신에, 프랑스 황제의 목숨을 살린 영웅이었다고 생각되기도 한다. 믿자니 근거가 부족하고 안 믿자니 꺼림칙하다.

하지만 운이 좋게도 나는 피렌체에 두 달여 동안 머무르면서 이탈리아 국립기록물보관소에서 메디치 가문의 문장에 관한 수수께끼를 풀

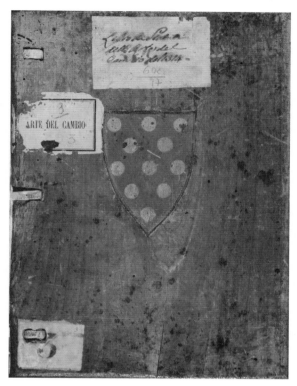

피렌체 은행가 길드 규약
집 3권 표지, 1200년대
초반. 이탈리아 국립기록
물보관소 소장.

메디치 가문의 문장, 문장 상단에 그려진 백합 문양은 프랑
스 왕가가 메디치 가문에게 프랑스 왕가의 문장을 사용할
수 있도록 허락하면서부터 사용됐다.

수 있는 결정적인 자료를 하나 발견했다. 1200년대 초반에 나무로 만들어진 은행가 길드의 규약집 표지이다. 이 규약집 표지를 보면, 한가운데에 메디치 가문의 문장과 비슷한 문장이 있다. 당시 은행가 길드가 사용하던 문장인데, 열한 개의 노란색 원은 비잔틴제국에서 사용하던 베잔트bezant라는 금화를 상징한다. 은행가 길드의 문장에서 붉은 바탕색을 노란색으로, 노란색 원을 붉은색 원으로 바꾸기만 하면, 메디치 가문의 문장과 완전히 똑같다. 초창기 메디치 가문의 문장에 열한 개의 붉은색 원이 그려진 것은 메디치 가문 출신 기사가 열한 명의 적을 물리친 것을 기념한 것이 아니라, 메디치 가문이 가입한 은행가 길드의 문장 속 베잔트 금화의 수가 그대로 사용된 것이다.

12세기 초반부터 피렌체는 은행가 길드에 가입해야만 돈을 빌려주는 대부업에 종사할 수 있었다. 12세기 중반부터 대부업에 종사한 메디치 가문 역시 은행가 길드에 가입했다. 1100년대 초반 시골에서 피렌체로 이주해 특별한 배경이 없었던 메디치 가 선조들은 이렇게 자신이 속한 길드의 문장을 색만 바꾸어 사용했던 것이다. 자신들의 고향을 침입한 적들을 물리치고 부상당한 프랑스 황제를 치료했다는 이야기는 만들어낸 이야기다.

Palazzo Medici Ricardi

메디치 저택

권력자의 위용

1459년 교황 피우스 2세는 코시모를 만나기 위해 메디치 저택Palazzo Medici Ricardi에 잠시 들른다. 비잔틴제국을 멸망시킨 투르크 군대와의 전쟁을 위해 코시모에게 배 두 척을 지원해달라고 부탁하기 위해서였다. 코시모를 만나고 나온 교황은 "피렌체의 모든 정치적인 문제들은 코시모의 저택에서 논의되고 있었다. 코시모는 칭호만 없었지 실제로는 피렌체의 왕이었다. 메디치 저택은 왕에게나 걸맞은 궁전과 같다"라고 말을 할 정도로 메디치 저택은 웅장했고 정치의 중심지였다.[2]

마침 교황 피우스 2세를 수행하던 밀라노 공작의 아들(갈레아초 마리아 스포르차Galeazzo Maria Sforza)도 코시모를 저택의 2층에 위치한 자그마한 예배당에서 만났다. 코시모가 말년에 즐겨 애용하던 이 예배당 안으로 들어서면 정면의 제단 위쪽에 화가 필리포 리피Fra Fillipo Lippi가 그린 〈아기 예수에 대한 경배〉란 패널화가 걸려 있고, 사방 벽면은 화가 베노초 고촐리가 그린 아기 예수의 탄생을 축하하기 위해 멀리 동

메디치 저택 전경. 가문의 수장이었던 코시모가 건축가 미켈로초에게 주문해서 1444년부터 1456년
까지 13년에 걸쳐 완성한 저택이다. 르네상스 시대 대표적인 바로크 양식 건축물로 건축비로 약 4만
플로린이 들었다. 1517년 미켈란젤로가 외부로 열린 공간 로자(loggia)를 폐쇄하고, 안뜰에서 이 공
간으로 통하는 문을 제작했다. 1659년 부유한 은행가 가문이었던 리카르디 가문이 인수하여 확장시
켰다. 그래서 메디치 저택을 '팔라초 메디치 리카르디'라 부른다.

방에서 온 현자와 그 수행원 들의 행렬 그림으로 가득차 있다. 600여
년이 지난 지금 보아도 그림이 어찌나 선명하고 아름다운지, 밤새 소
복하게 쌓인 하얀 눈 위에 남겨진 첫 발자국을 보는 것 같은 느낌이다.

당시 메디치 저택의 현관과 1층 안뜰에는 코시모를 만나기 위해 줄
을 선 외국 대사 일행과 고위 공직자 들로 항상 붐볐고, 저택 2층의 예
배당이 접견 장소로 사용되고 있었다. 마치 피렌체 시청사가 메디치
저택으로 이전한 듯했다.

하지만 코시모가 이 저택을 지을 당시만 해도 자신의 저택이 피렌체

프라 필리포 리피, 〈아기 예수
에 대한 경배〉, 1459년, 메디
치 저택 2층 예배당 제단화,
베를린 국립 미술관.

베노초 고촐리, 〈동방박사 행렬〉, 1460년대, 메디치 저택 2층 예배당 벽면.

시청사 역할을 하리라고 생각하지 않았다. 필자가 보기에 코시모는 가문의 수장으로서 대저택을 지어 가족들과 함께 사는 행복한 삶을 꿈꾸었을 것만 같다. 그렇다고 서유럽 최고의 부자이자 피렌체의 최고 권력자가 자신의 저택을 평범하게만 짓지는 않았을 것이다.

코시모의 연이은 행운들

코시모의 아버지 때부터 메디치 가문은 현 저택이 있는 라르가 거리(Via Larga)에 17채의 집을 소유하고 있었다. 그중 한 집에서 살았고 나머지 집들은 임대를 주었다. 하지만 코시모의 동생이 갑자기 사망하는 바람에 어린 조카(피에르프란체스코 데 메디치Pierfrancesco de' Medici)를 돌봐야 하는 처지가 됐다(1440년). 코시모가 운영하던 은행은 계속 이익을 내고 있었고, 그는 서유럽 전역과 피렌체에 36개의 지점을 소유하고 있을 정도로 피렌체의 최고 부자가 되었다. 한때 고리대금업으로 비난받아 죽기 전에 속죄를 해야만 했던 대부업과 환전업 종사자 들은 더이상 비난의 대상이 되지 않았다. 그리고 얼마 안 있어 작은 아버지가 사망하고 후손이 없자 코시모는 고향 무젤로에 있는 작은 아버지 가문 소유의 대토지를 상속받게 된다(1443년). 부자들에게는 행운이 한번 따르면 그칠 줄 모르나보다. 코시모는 동생 가족과 작은 아버지의 사망으로 이들이 소유한 막대한 재산을 상속받았고 은행도 성장해서 엄청난 부를 소유하게 됐다. 동생이 사망하자 장자인 코시모는 흩어져 살던 친척들을 한곳에 모을 필요를 느끼게 되었다. 이런 배경에서 코시모는 저택을 지을 계획을 세우게 된다.

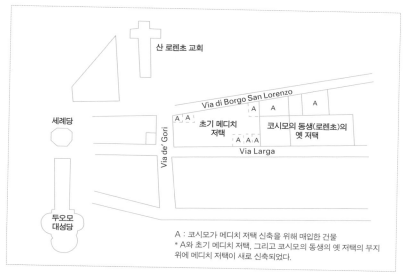

메디치 저택이 세워지기 이전의 주변 건물 배치도.

중세의 권력자 주교의 위상을 넘보던 코시모

코시모는 불가능하게 여겼던 두오모 성당의 돔 건설을 성공리에 끝내 당시 최고의 건축가로 칭송받던 브루넬레스키에게 저택의 설계를 맡겼다. 이 건축가는 이미 산 로렌초 교회에 코시모 아버지의 영묘를 모신 구舊 성구실을 지어, 코시모의 아버지 때부터 메디치 가문과 인연이 있었다. 브루넬레스키는 이참에 산 로렌초 교회 앞에 있는 허름한 집들을 허물어 넓은 광장을 짓고, 메디치 저택의 전면을 이 교회와 마주보게 설계해 코시모에게 보여주었다.[3] 코시모의 친구이자 인문학자로 고대 로마제국 시대 건축학에 정통했던 알베르티Leon Battista Alberti는 코시모에게 "고대 로마제국 시대에 왕들의 저택은 원형 경기장이나 신전과 마주보게 지어야 고귀함을 간직한다"고 조언했다고 한다.[4] 광장 확장에 필요한 재원은 주변 건물을 허무는 과정에서 나오는 목재와 철근들을 판매한 대금으로 충당한다고 되어 있었다.

코시모는 새로 확장될 산 로렌초 광장은 주교의 관저가 있는 두오모 광장과 대치되고, 자신의 저택은 두오모 광장에 있는 주교의 관저와 대치되게 설계하려 했다. 코시모는 계획대로만 건축되면, 중세의 실질적 권력자였던 주교와 대등한 위치로 올라설 수 있을 듯했다. 주문자의 의도를 쉬이 간파한 60대 후반의 노련한 건축가 브루넬레스키가 제출한 설계안에 코시모는 흥미를 느꼈다.[5] 그리고 코시모 저택에 암살자가 침입할 경우를 대비해서 메디치 저택 예배당에서 산 로렌초 교회 내부로 연결되는 지하통로까지 계획해놓았다.

하지만 당시 피렌체 유력 가문들이 메디치 가문을 바라보는 시선은 곱지 않았다. 코시모는 자신의 아버지께서 남긴 유언을 떠올렸다. "대중들의 눈에 띄는 행동은 자제해라. 시기와 질투는 물을 주지 않아도 자라나는 씨앗 같기 때문이다."[6] 시민들은 "코시모는 로마의 콜로세움을 능가하는 저택을 지으려하고 있다. 시민들의 돈으로 지을라치면, 어느 누구라도 웅장하게 지을 수 있다"는 비난의 소리를 내기 시작했다. 코시모는 결국 브루넬레스키가 제안한 메디치 가문의 복합공간 건설 계획을 포기했다. 대신 같은 고향 출신으로 자신의 추방 길을 동행했던 미켈로초에게 설계를 부탁했다. 이런 우여곡절을 거쳐, 자신이 거주하던 집 주위에 있던 스물두 채의 집을 사들여 허물고 13년에 걸쳐 저택을 완공시켰다(1443~1456년). 주춧돌을 놓는 날짜를 정하기 위해 점성술사를 먼저 찾았다는 기록도 남아 있다.

메디치 저택에서 풍기는 권력자의 위용

겉으로는 시민들과 다른 유력 가문들의 시기가 두려워 검손한 척 했지만, 사실 코시모는 자신의 저택에 고대 로마 귀족의 품격을 모방한 최고 권력자의 위용을 은근히 드러내고 있다. 메디치 저택의 1층은 전면이 넓고 투박스러운 돌을 가공하지 않고 자연석(bugnato rustico)을 그대로 사용했다. 전면이 좁고 매끈한 벽면에 회벽 칠(inconaco)을 한 당시 피렌체 대부분의 저택들과 판이하게 다르다. 고대 로마제국 귀족들의 대저택이 자연 암반 위에 지어졌던 것처럼, 메디치 저택도 자연 암반 위에 지어진 것처럼 보이게 하기 위해서 그렇게 한 것이다.[7] 천장을 이은 돌림띠와 기둥들은 고대 로마 제국시대의 건축 양식인 코린트와 도리아 양식으로 화려하게 마감되었다.

이뿐만이 아니다. 자연석을 그대로 사용한 다른 가문의 저택 1층에는 창문이 적었는데, 메디치 저택은 집안에 햇빛이 잘 들도록 하기 위해 창문을 20개나 내었다. 당시 기술로는 획기적인 공법이었다. 그리고 2층과 3층에는 둥근 아치 형태의 창문을 두 개로 나누는 중간 문설주를 설치하여 여닫을 수 있는 창문(bifora)처럼 제작했다. 이러한 형태의 창문은 중세 시대 양식으로, 최고의 권력자였던 주교의 관저나 시청사를 지을 때에만 사용해왔다.[8] 피렌체 주교의 관저와 별장, 그리고 시청사 건물로 쓰였던 팔라초 베키오 건물의 창문이 중간 문설주가 있는 형태로 지어진 것도 그 건물들이 권력의 상징이었기 때문이다. 코시모의 의중을 누구보다도 잘 알고 있던 건축가이자 조각가인 미켈로초는 겉으로 드러나지 않으면서 코시모가 동경했던 로마 귀족의 품격이 녹아 있는 대저택을 지어주었다. 그리고 중간 문설주가 있는 창문

중간 문설주로 장식된 메디치 저택(위)과 시청사(베키오 궁전, 아래)의 창문.

을 저택 전면에 배치하여 피렌체 최고 권력자로서 코시모의 위상을 드러냈다. 겸손의 표시로 투박한 돌을 사용하거나 미적인 관점에서 중간 문설주가 있는 창문을 제작한 것은 아니다.

저택은 영원해도 주인은 영원하지 않다

로마 귀족의 품격과 지배자 권력을 드러내는 저택이 완공되고(1457년) 메디치 가 사람들이 이주하기 시작했다. 3층으로 지어진 저택에 40여 개나 되는 방이 지어졌고 많을 때는 하인까지 합해 95명이 넘는 사람들이 살았다. 1층에는 열네 개의 방이 있었고 은행 사무실과 접견실로 주로 사용했다. 후에 '위대한' 로렌초라 불리는 코시모의 손자도 1층에서 기거했다. 2층에는 스무 개가 넘는 방이 있어 코시모 내외와 아들 내외, 하인들이 살았다. 그리고 2층 오른쪽 끝에는 코시모가 귀한 손님들을 맞이할 때 애용하던 자그마한 예배당이 있었다. 3층은 주로 음식 료품을 보관하는 장소로 사용되었고, 지하실에도 열한 개나 되는 방이 있었다. 무려 건축비만 4만 플로린, 우리 돈으로 환산하면 320억 원이나 되는 거액이었다. 당시 2층 규모의 자그마한 저택이 1000플로린 정도였으니, 규모나 장식 면에서 다른 건물과 비교가 안 된다.

돌로 지은 대저택은 오늘날까지 그 모습을 간직하고 있지만, 대저택의 주인은 영원할 수가 없었던가보다. 메디치 가문의 장자 계열인 코시모 후손들이 피렌체에서 추방당한 이후에(1532년), 이 저택을 상속받게 된 코시모 대공의 후손들은 이 건물을 명예욕이 많았던 부자 리카르디 가문에게 팔고(1659년), 자신들은 새로 지은 피티 궁전 Palazzo

리카르디 가문이 메디치 저택을
사들인 후 건물 뒷편에 만든 정원.

Pitti으로 이주했다. 메디치 저택을 사들인 리카르디 가문은 건물 전면
을 넓히고 안뜰 뒤 건물을 사들여 헐고 그 자리에 자그마한 정원까지
마련했다. 그래서 오늘날 메디치 저택을 '팔라초 메디치 리가르디'라
부른다.

　저택 현관을 나와 오른쪽으로 돌아 길 모퉁이(Via L. Gori)에서 바라
보면 전면이 미완성인 듯한 교회가 보이는데, 이 교회가 바로 메디치
가문의 영묘가 있는 산 로렌초 교회이다. 이 교회는 산 로렌초 교구민

들을 위한 공공 교회였으나 영민한 코시모의 지략으로 메디치 가문의 사적인 교회로 전락한 역사를 간직하고 있다. 그래서 산 로렌초 교회는 황금을 가까이 두고 싶어하는 후대 성직자들이 눈여겨보아야 할 교회이기도 하다.

Basilica di San Lorenzo

산 로렌초 교회

교회가 사유화되는 전형적 모습

어느 날 코시모의 아버지는 두오모 성당의 돔 건설 계획으로 바삐 지내던 건축가 브루넬레스키를 저녁식사에 초대했다. 메디치 가 사람들이 살고 있는 교구의 교회인 산 로렌초 교회를 신축하는 문제를 상의하고 싶었기 때문이다.[9] 이 건축가는 코시모의 아버지에게 "만약 이 지역 귀족들이 귀하의 후원으로 산 로렌초 교회의 신축 공사가 시작되는 것을 본다면, 그들은 자기 선조들을 기리는 예배당을 이 교회에 두려 할 겁니다. 그리되면 이 건물은 그들이 죽은 후에도, 수백, 수천 년 동안 후원자들의 증언을 간직하게 될 것입니다"라는 권고를 했다. 이에 감명을 받은 코시모 아버지가 교회를 신축하기로 결정했다는 이야기가 전해진다(1419년). 메디치 가 사람들을 칭송하기에 바빴던 한 예술사가의 이야기쯤으로 들어두자.[10]

메디치 저택의 지척에 있는 산 로렌초 교회는 전면이 짓다가 중단한 건물처럼 보여 관광객들을 실망시키기도 한다. 하지만 이 교회는 피렌

산 로렌초 교회 전경. 258년 기독교인을 탄압하던 고대 로마제국 황제 발레리아누스(Valerianus)에 의해 최초로 순교자가 된 성 로렌초에게 봉헌된 교회로, 피렌체에서 가장 오래된 교회이다(393년). 후에 피렌체 최초로 주교가 된 성 자노비가 이 교회를 주교의 교회로 삼았다. 11세기에 주교의 교회가 현재 두오모 성당 자리에 지어진 산타 레파라타 교회로 이전할 때까지 약 600여 년 동안 막강한 영적 권력을 지니고 있었다.

체에서 가장 오래된 교회이자, 엄연히 산 로렌초 교구의 교회이기도 했다. 하지만 르네상스 시대에 들어서면서 후원자를 구하지 못한 교회 측은 교회를 메디치 가문에게 통째로 넘겨주고 만다. 이 교회가 당시 피렌체 시민들과 성직자들에게 얼마나 중요한 교회였는지에 대해 교회의 원장 마르코Padre Viola Don Marco에게 들을 수 있었다.

황금의 유혹과 경건한 신앙심 사이에서 허둥대던 교회

대부분 사람들은 '꽃의 성모마리아 성당'이라 불리는 두오모 성당을 피렌체 종교 지도자인 주교의 교회로 알고 있지만, 원래 주교의 교회는 산 로렌초 교회였다. 교회 원장의 말에 따르면 산 로렌초 교회는 5세기 초반 피렌체 최초로 주교가 된 성 자노비의 유골을 모시고 있어 일찍부터 주교의 교회가 되었지만 피렌체 성곽 밖에 위치해 도심에 미치는 영향력이 점차 감소했다고 한다. 그러다가 성곽 안에 있던 산 레파라타 교회(현 두오모 성당)로 성 자노비의 유골을 이장하면서 산 레파라타 교회가 주교의 교회가 되었고, 산 로렌초 교회는 교구의 교회로 남게 되었다는 것이다. 원장은 당시 피렌체는 법적으로 성곽 내부에 교회를 짓지 못하게 해서 주교가 성 자노비의 유골을 산 레파라타 교회로 이장해 주교의 교회로 삼게 되었다는 설명까지 덧붙였다.

그렇다면 어쩌다가 한때 피렌체 주교의 교회이자, 교구의 공공 교회였던 교회가 메디치 가문 소유의 개인 교회로 전락하게 된 것일까? 이 과정은 르네상스 시대에 들어서 종교기관들이 도시의 상인들이 가진 황금에 관심을 두면서 겪는 갈등, 황금에 대한 유혹과 경건한 신앙심 사이에서 허둥대는 모습을 보여주는 대표적인 사례이기도 하다. 르네상스 시대 예술은 이러한 갈등의 틈새에서 꽃을 피웠다.

아버지를 기리는 아들의 간절한 기도가 새겨진 구 성구실

15세기에 교구의 공공 교회였던 산 로렌초 교회는 후원자 없이 방치된 상태였다. 이 교구에 살던 주민들 대부분이 대장장이 같은 가난

브루넬레스키, (구) 성구실,
1421~1428년, 산 로렌초
교회.

한 수공업자나 소상인 들이어서 교회를 후원할 여력이 없기 때문이
었다. 마침 이 교회에 화재가 나자(1415년), 교회의 원장은 이 교구에
서 가장 부유한 코시모의 아버지에게 후원을 부탁했다. 코시모의 아버
지가 건물관리위원회의 책임자가 되어 3년에 걸쳐 재건축을 시도했다
(1419년). 말이 건물관리위원회이지 사실은 선조들의 시신을 안장할
수 있는 묘실과 예배당을 판매하는 일이 주 업무였다. 일종의 묘지분
양권 판매 같은 것이었다. 총 여덟 개의 예배당을 지어 가장 큰 예배당

을 메디치 가문이 소유하게 되었다.[11] 이 예배당이 코시모 부모의 시신이 안장되어 있는 곳으로, 오늘날 '(구) 성구실'이라 불리는 예배당이다. 건축의 책임은 코시모 아버지와 친분이 두터웠던 브루넬레스키가 맡았다.

아버지가 사망하자 코시모는 당시 최고의 조각가였던 도나텔로에게 부탁해 황량하게 방치되어 있던 (구) 성구실 내부를 메디치 가문의 수호성인 '복음자 요한'과 '코스마스와 다미안'으로 장식해줄 것을 부탁했다(1434~1443년). '복음자 요한'은 코시모 아버지 조반니의 수호성인이었고, 치료의 성인 '코스마스와 다미안'은 코시모의 아버지가 코시모와 쌍둥이 형제인 '다미아노'를 낳고 아들들의 무병장수를 기원하며 메디치 가문의 수호성인으로 삼았던 성인들이다. 당시 서유럽에서는 흑사병이 번지기 시작하자 액막이로 기독교 성인들의 이름을 빌려 자손들의 이름을 짓고, 수호성인으로 삼는 행위가 유행처럼 번졌다. 그리고 도나텔로와 조수 카발칸티Andrea di Lazzaro Cavalcanti에게 부모님의 시신이 안장된 대리석 석관에 부모님을 기리는 다음과 같은 문구를 새기게 했다.

조국에 헌신을, 가족에게 명예를, 그리고 모두에게는 태산 같은 관용을.
아아! 나의 아버지는 순결한 아내와 이 땅에서 행복하게 살았노라.
가난한 이들을 돌보고, 친구들에게는 안식처를 베풀고 후원을 하셨다.
그러나 이 모든 것들은 이제 죽음과 함께 여기에 묻혀버렸도다.
나의 어머니 피카르다Piccarda, 당신은 나의 아버지 조반니와 함께 안식하셨으니,

(위) 도나텔로, 〈복음자 요한〉, 1428~1443년, (구) 성구실, 산 로렌초 교회.
(가운데) 〈코스마스와 다미안〉, 1428~1435년, (구) 성구실, 산 로렌초 교회.
(아래) 도나텔로와 카발칸티, 코시모의 부모 시신이 안장된 석관. 1429년, (구) 성구실, 산 로렌초 교회.

이 늙은 아들은 지난 어린 날과 청년 시절을 슬퍼하고
부모를 잃어버린 슬픔에 젖은 조국은 비탄하나이다![12]

공공 교회를 손에 넣은 코시모의 야망과 탐욕

메디치 가문과 지역의 유력 가문들의 영묘가 안장되었지만, 이때만
해도 산 로렌초 교회는 교구민들의 교회로서 공공적 성격은 유지하고
있었다. 코시모 아버지의 생전에는 메디치 가문이 교회를 통째로 사유
화하려고 들지는 않았다.

하지만 코시모의 아버지가 사망하면서 이 교회는 건설이 중단되
어 누구도 관심을 두지 않았다(1429년). 그사이 산 로렌초 교회의 기
둥 두 개가 무너지는 등, 교회는 황폐해져갔다. 이러한 상황을 보다 못
한 교구의 행정관 곤팔로네Gonfalone와 교회의 원장이 코시모에게 후
원을 요청했다.[13] 이때가 1440년 11월 20일로, 당시 산 로렌초 교회를
방문한 코시모는 "나의 부를 10년 일찍 이 교회를 위해 사용했어야 했
는데……"라며 후회했다고 한다.[14] 그사이에 피렌체 주교도 이 교회의
실상을 보고 코시모에게 후원을 부탁했다. 하지만 코시모는 곧바로 이
교회를 후원하지 않았다. 무언가 분명 다른 생각이 있었을 것이다.

뜻대로 코시모의 후원이 이루어지지 않자, 교회의 사제들은 교회에
서 가장 신성하게 여기는 중앙제단을 후원자에게 양보한다는 조건을
내세웠다(1441년). 하지만 더 큰 욕망을 가지고 있었던 코시모는 선뜻
나서지 않았다. 더 기다려서 성직자들의 시신만이 안장될 수 있었던
내진內陣의 후원권한까지 얻어내, 사후에 자신의 시신을 안장할 요량

베로키오, 코시모의 영묘, 1417년, 산 로렌초 교회 지하.

이었다. 중앙제단 앞에 자리 잡은 내진은 보통 성가대가 자리하고, 내진의 지하에는 시신을 안장하는 묘실이 설치되어 있다. 그래서 내진의 후원권한을 얻는다는 것은 교회에 시신을 안장할 수 있는 모든 권한을 소유하는 것이나 다름없었다. 또한 교회는 유력 가문들의 시신을 내진 바로 밑에 있는 지하묘실에 안장해주고 후원을 받았기 때문에 내진 후원권은 교회 수입의 큰 원천이기도 했다.

교회 개축이 시급했던 교회 사제들은 1년 남짓을 기다리다가 교회를 개축하는 비용을 후원하는 자에게 교회의 모든 권한을 내주겠다는 결정을 내렸다. 이렇게 코시모는 중앙제단뿐만 아니라 시신을 안장하는 내진 후원권한까지 가지게 된다(1442년).[15] 이후부터 성직자라 할지

라도 이 교회에 묻히고자 하는 사람은 반드시 코시모의 승인을 받아야 했다. 코시모는 이 내진 지하를 자신이 사후에 영면할 장소로 선택했다.[16]

이렇게 해서 지역 주민들의 교회이자, 피렌체에서 가장 오래된 산로렌초 교회는 메디치 가문의 사적인 교회가 되었다. 교회가 한 가문의 소유가 되는 경우는 르네상스 시대에 처음 있는 일이었다. 그래서 이 교회에 들어서면 곳곳에 온통 메디치 가문의 문장이 보이고, 성직자만이 묻힐 수 있는 성스러운 장소에 코시모의 묘비 석판이 화려하게 장식되어 있는 것이다.

시각과 청각 효과까지 기대한 코시모의 구원과 영생

이제 코시모의 무덤 석판이 조각되어 있는 이 교회의 중앙제단 앞 내진으로 발길을 옮겨보자. 코시모의 묘비 석판은 큰 원에 박 모양의 타원과 구멍이 송골송골 뚫린 철판으로 장식되어 있다. 좀 특이한 문양이다. '국부'라는 칭호까지 받은 코시모의 무덤인데, 특별한 의미가 있지 않을까? 내진 바닥에 새긴 코시모를 기리는 묘비 석판을 보면 그가 아버지보다 사후 세계의 구원을 갈구했음이 드러난다.[17]

흰 대리석으로 상감된 타원은 박과 똑같은 모양이다. 성경에 의하면, 이스라엘의 솔로몬 성전 내부는 박으로 장식되었다고 한다. 박은 구원과 영생을 상징해 고대 이스라엘 귀족들의 묘지도 박으로 장식했다고 한다.[18] 또 특이한 것은 구멍이 뚫린 철판 세 개가 대리석을 둘러싸고 있는데, 이 또한 용도가 있다. 이 철판 구멍을 통해서 사제들의 미사와

베로키오, 코시모 묘비 석판, 1417년, 산 로렌초 교회 1층 내진(후에 복원된 것이다).

성모마리아를 찬양하는 성가 소리가 코시모의 시신이 안장되어 있는 지하 묘실까지 전달된다고 한다.

이렇게 성스러운 장소에 시신을 안장하고, 사제들의 기도와 성가를 들을 수 있는 곳에 코시모는 사후 세계의 집을 지었던 것이다. 코시모는 박 모양이 상징하는 시각적 효과에 사제들의 기도 소리라는 청각적 효과까지 덧붙여 영생을 기원했을 것이다. 하지만 코시모가 죽고 정확히 30년이 지난 1494년 11월, 메디치 가문은 추방당하고, 분노한 시민들은 영생을 기리던 석판을 모두 뜯어내버린다. 현재의 석판은 후에 다시 복원한 것이다.

피렌체를 자신의 가정처럼 다스릴 수 있었던 최고의 권력자 코시모,

그의 영생과 구원에 대한 욕망 덕분에 교회가 한 가문의 수중으로 들어가게 됐다. 한때 성직자들의 기도 소리만으로 인간의 영혼을 묶어버리던 막강한 영적 권력도 황금에 권력을 내어주기 시작한다. 한번 터진 둑은 계속 붕괴되는 것일까? 교회의 사유화는 도미노 현상처럼 피렌체 내에서 번져간다.

Basilica della Santissima Annunziata

산티시마 안눈치아타 수도원

메디치 가문이 사유화한 또하나의 교회

두오모 성당에서 북서쪽으로 세르비 거리(Via dei Servi)를 따라 5분 정도 걸어가면 널따란 광장이 나온다. 이 광장은 오래전 국내에 개봉된 〈냉정과 열정 사이〉란 일본 영화의 촬영지로, 국내 영화팬들에게 잘 알려진 장소이다. 그래서인지 피렌체를 찾는 젊은이들에게 이 광장은 헤어진 연인을 다시 만날 수 있는 '재회의 광장'으로 유명하다. 하지만 르네상스 시대 이 광장은 아기 예수를 임신한 성모마리아를 축하하는 수태고지 축제가 열리던 성스러운 장소로, '성 수태고지 광장Piazza della Santissima Annunziata'이라 불렸다. 당시 수태고지 축일은 3월 25일로, 피렌체 달력으로 새해가 시작하는 날이었다. 그래서 피렌체 정부의 각료와 시민은 새해를 축하하기 위해 시청사가 있는 시뇨리아 광장에서 모여 두오모 성당을 거쳐 이 광장까지 행렬을 지어 왔다고 한다. 이 행사를 주관했던 종교기관이 광장 전면에 자리하고 있는 산티시마 안눈치아타 수도원이었다. 이 수도원은 1200년대 중반부터 성모마리아가 기

산티시마 안눈치아타 수도원 전경.

적을 행하는 성소가 있다고 해서 더 유명해졌다.

천사의 손으로 그린 '성모마리아의 성소'

이 수도원에 들어서면 '경배의 회랑Chistro dei Voti'이라 불리는 작은 공간을 먼저 마주하게 되는데, 이 회랑 벽면에는 성모마리아 일대기와 이 수도회의 설립자 필립 베니치Philip Benizzi가 생전에 행한 기적의 장면이 그려져 있다.[19] 이 수도회가 성모마리아의 수태고지 교리를 준수하는 종교기관이었기 때문이다. 성당 안으로 들어서자 왼편에 대리석으로 화려하게 장식한 예배당 앞, 무릎을 꿇고 경건하게 기도를 드리는 신도들로 붐비는 장소가 가장 먼저 눈에 띈다. 이 예배당이 바로 성

미켈로초, 경배의 회랑, 1447년 경, 산티시마 안눈치아타 수도원 현관. 경배의 회랑 벽면과 천장은 로소(Rosso fiorentino)와 다른 화가들이 그린 〈성모 승천〉〈세례자 요한의 어머니 엘리자베스를 방문하는 성모〉 등 성모의 일대기와 성모 하복회를 창시한 수도사 필립 베니치의 일대기로 장식해놓았다.

모마리아께서 기적을 행한다고 소문이 난 성소(Cappella dell'Annunziata)이다. 이 성소의 대리석 조각 작품은 코시모의 큰 아들인 피에로의 후원으로 제작되었다. 벽면의 수태고지 그림은 인간이 아니라 천사가 그린 작품으로 알려져오고 있다.

그래서 그런지 그림 장면이 예사롭지 않다. 성모와 아기 예수를 수태한 사실을 알리러 온 천사에게 보석으로 만든 왕관과 화려한 목걸이를 치장해놓은 형상이 잘 보존되어 있다.

수도사이기도 했던 화가 프라 바르톨로메오Fra Bartolomeo는 수태고지 장면을 그리던 어느 날, 아기 예수의 탄생을 축하하기 위해 하늘에서 내려온 천사를 그리고, 성모마리아는 어떻게 그릴까 고민하다가 깜빡 잠이 들었다. 잠에서 깨어보니, 그 옆에 성모마리아가 그려져 있었

천사가 그렸다는 〈수태고지〉, 1252년, 수태고지 예배당, 산티시마 안눈치아타 수도원 성당.

다고 한다(1252년). 이후부터 이 작품은 하늘에서 내려온 천사가 그린 것이라 믿어져왔다. 그래서 이 성모는 기적을 행한다고 믿었고, 이후 숭배의 대상이 되었다. 당시 신학자들은 "신성한 현상은 평범한 사람의 손으로 그려지지 않아야 한다"고 주장했다.[20] 어찌된 일인지 메디치 가문은 피렌체 권력을 장악한 이후, 이 수도원을 적극 후원하고 나선다.

수도원을 젊은 아들의 정치 데뷔 장소로 이용한 코시모

이 수도원은 1200년대 중반, 피렌체 권력을 놓고 황제파와 교황파 사이에 격렬한 투쟁이 벌어졌을 때, 교황파의 은신처이자 비밀 문서 보관소였다.[21] 후에 교황파가 황제파를 추방하고 피렌체 권력을 장악하면서 교황파의 본부였던 수도원의 이름을 '성 수태고지 수도원'이라 불렀다고 한다(1250년). 이렇게 이 수도원은 오래전부터 교황파의 정치적 기반이었다. 그래서 메디치 가문이 권력을 장악한 이후에 자신들의 지지 기반의 한 축이었던 교황파의 본거지인 이 수도원을 후원하게 되는 것이다.

코시모에게는 아들이 둘 있었는데, 큰아들 피에로에게는 정치를 물려주고, 작은아들 조반니에게는 은행을 물려줄 계획으로 교육을 시켜오고 있었다. 코시모는 큰아들 피에로를 이 수도원의 건물관리위원회 위원으로 데뷔시켰다(1440년).[22] 건물관리위원회의 주 임무는 예술가를 선정하고 공사 진행의 전 과정을 감독하며 후원금을 모으고 공사비를 지불하는 것이었다. 후원금을 모으는 과정에서 자연스레 건물관리위원회를 주도하던 가문을 따르는 파벌이 형성되게 된다. 그래서 피

미켈로초와 제자, 수태고지 예배당, 1444~1460년, 산티시마 안눈치아타 수도원 성당.

렌체 유력 가문들은 오래전부터 공공 건물이나 교회의 건물관리위원회 위원이 되는 것을 명예롭게 여겼고, 위원직은 점차 권력이 되어갔다. 건물관리위원회 위원으로 임명된 피에로는 천사가 그려 기적을 행한다는 〈수태고지〉가 그려진 성소를 개축하고 장식하는 일을 먼저 후원했다. 이 성소에는 기적을 기원하는 신도들로 항상 붐볐는데 천장에 걸어둔 신도들의 봉헌물이 너무 무거워 천장이 내려앉고 말았기 때문이다.[23]

피에로는 메디치 저택과 산 로렌초 교회를 지었던 미켈로초에게 성소를 대리석으로 장식하도록 했다. 4개의 기둥, 그리고 천개天蓋와 기둥을 잇는 돌림띠는 고대 로마제국 시대 신전을 장식하던 코린트 양식으로 장식해놓았다. 당대 최고의 조각가로서 완성의 경지에 올랐던 미켈로초의 정교한 끌 아래 고대 코린트 양식과 르네상스 양식이 혼합되어, 100년 후에나 볼 수 있는 바로크 양식을 미리 보는 것과 같은 착각을 할 정도다. 직접 현장에 가서 보면 그 하나하나의 조각품들이 너무 정교하고 아름다워 감탄을 자아낸다. 이 예배당을 장식하는 데 무려 4000플로린(약 32억 원)이 들었다. 교황은 이 예배당을 '수태고지 예배당'이라 이름 짓고, 공식적인 성지 순례 경로에 포함시켰다. 당연히 이 수도원으로 들어오는 기부금도 점차 불어났고, 가난했던 수도원도 증축과 화려한 장식으로 모습을 갖추어나가게 된다. 스물여섯 살밖에 안된 장남 피에로를 피렌체 정치 무대에 선보인 코시모의 모험은 일단 성공했다.

지혜로 또하나의 수도원을 사유화하다

코시모는 이 수도원에서 기적을 행하는 성소를 손에 넣었지만, 정작 수도원에서 가장 성스럽게 여기는 중앙제대가 놓인 예배당의 후원권한을 손에 넣지 못했다. 예배당 후원권한만 손에 넣으면 이 수도회는 메디치 가문 소유가 되는 상황이었다. 이 예배당 후원권한은 오래전에 이 수도원에 가장 많은 기부를 한 고리대금업자이자 의류 판매 상인이었던 팔코니에리Falconieri 가문에 있었다.[24] 중앙제대가 놓인 예배당을 메디치 가문의 소유로 만들려면 추가로 돈을 지불하고 사야 했다. 하지만 당시 산 마르코 수도원과 산 로렌초 교회를 동시에 후원하고 있던 코시모에게는 그럴 만한 경제적 여유가 없었다. 코시모는 이웃 도시 만토바 출신의 용병대장 로도비코 곤자가Lodovico Gonzaga를 끌어들이는 기발한 전략을 생각해냈다. 용병대장을 만나, 용병대장에게 지불해야 되는 대금을 그의 계좌가 아니라 산티시마 안눈치아타 수도원 계좌로 입금하는 데 합의를 이끌어냈다.[25] 대신 후원의 대가로 이 수도원에서 가장 신성하게 여기는 중앙제대가 놓인 예배당의 후원권한을 넘겨주기로 했다. 중간에 이 예배당을 소유하고 있었던 가문의 반발이 있었지만, 피렌체 주교 안토니누스Antoninus의 중재로 무사히 넘어갈 수 있었다. 이렇게 해서 다른 가문이 소유하고 있던 이 예배당의 후원권한은 타국 출신인 용병대장에게 넘어간다.

그러나 용의주도한 성품을 지녔던 코시모의 속셈은 따로 있었다. 타국 출신인 용병대장은 언젠가 피렌체를 떠날 것이었다. 여유가 생길 때 다시 매입하면 그만이었다. 마침 자신의 고국 사정이 다급해지자 용병대장은 고국으로 귀국했고, 용병대장이 수도원을 후원하겠다는 약속은 이행되지 못했다. 메디치 가문은 후원자가 사라진 예배당을 손쉽게 가질 수 있었다. 이렇게 해서 메디치 가문은 한때 피렌체 상인들이 세운 수도회의 본거지인 산티시마 안눈치아타 수도원을 사유화했다. 이후 이곳 수도원은 메디치 가를 지지하는 정파의 본거지가 된다.

하지만 신앙과 정치 권력을 손에 넣었다고 해서 피렌체의 주인이 되는 것은 아니다. 피렌체 주인이 되고, 권력을 지속시키기 위해서는 지도자에 걸맞은 덕목을 지녀야 한다. 메디치 가 사람들은 다른 어떤 가문들보다 그 덕목을 중시했다.

〈유디트와 홀로페르네스〉 조각상

지도자의 덕목을 새긴 불멸의 예술작품

도나텔로의 〈유디트와 홀로페르네스〉라는 청동 조각상은 미켈란젤로의 〈다비드〉 조각상과 함께 시청사가 위치한 시뇨리아 광장에 나란히 전시되어 있다. 하지만 현재 시뇨리아 광장에 전시된 작품은 복제품이고 진품은 시청사 2층에 있는 '백합의 방'에 전시되어 있다. 성경에 의하면, 과부였던 유디트는 자신의 조국 이스라엘을 침공한 적군 장수인 홀로페르네스가 술에 취해 있을 때, 침실로 몰래 들어가 그를 유혹한 뒤 목을 벤 여인으로 알려져 있다. 그래서 고대 이스라엘에서는 유디트를 민족의 구원자로 숭배했다.

원래 도나텔로의 이 조각상은 메디치 저택 1층 안뜰에 놓여 있던 작품이다. 당시 메디치 저택 안뜰에서는 중요한 연회나 결혼식이 열리곤 해서 연회에 참석한 피렌체 유력 가문들이 이 조각상을 눈여겨볼 수 있었다. 이 조각상은 정치적으로 위기를 겪고 있던 코시모가 1457년경에 도나텔로에게 100플로린과 청동 443킬로그램을 주고 제작한 작품

메디치 저택의 안뜰 전경. 지금 메디치 저택 안뜰에는 하프 연주로 지옥의 왕 하데스도 감동시켰다는 〈오르페우스〉 조각상만이 덩그러니 놓여 있지만, 코시모 생전에는 도나텔로가 제작한 〈유디트와 홀로페르네스〉 청동 조각상과 〈다비드〉 청동 조각상이 분수대와 함께 놓여 있었다.

코시모 영묘 옆에 묻힌 도나텔로의 무덤, 산 로렌초 교회 지하.

이다.[26] 도나텔로는 사후에 그의 유언대로 코시모의 영묘 바로 옆에 안장될 정도로 코시모가 가장 신임하던 조각가였다.

〈유디트와 홀로페르네스〉는 도나텔로가 기량이 정점에 올랐던 노년에 청동으로 제작한 작품으로, 후세 미학자들은 그 미적 가치에 후한 점수를 주었다. 하지만 도나텔로의 청동 조각상에는 르네상스 시대 지도자가 반드시 갖추어야 할 덕목과 가치 또한 새겨져 있다. 한 국가를 60년 동안 지배할 수 있었던 메디치 가문이 피렌체 유력 가문들과 후손들에게 전해주려 했던 소중한 교훈이기도 하다.

술의 신 바쿠스의 축제 장면이 새겨진 〈유디트와 홀로페르네스〉

언뜻 보면 〈유디트와 홀로페르네스〉는 하나의 작품처럼 보이지만, 조각상 상부와 하부로 구성된 두 개의 작품이다. 조각상 상부는 칼을 든 유디트가 적군 장수의 목을 베는 장면이고, 조각상 하부는 이해하기 쉽지 않은 형상이 삼면을 둘러싼 기단으로 되어 있다. 르네상스 시대에는 이 작품처럼 조각상으로 전하려는 메시지를 보완하거나 강조하기 위해서 기단에 조각을 추가하기도 했다. 그래서 두 개의 작품으로 구성된 조각상은 기단에 새겨진 이야기까지 이해해야만 제 의도를 알 수 있다. 기단은 정면에서 시계 반대 방향으로 돌아보면 된다.

정면 오른쪽에 부조된 첫번째 장면에는 '푸토putto'라 불리는 통통한 어린아이들이 영근 포도를 수확하는 장면이다. 푸토는 고대 로마 시대부터 생명의 활력을 뜻해온 상징물로, 이 장면은 생명력을 지닌 풍요로운 시대를 암시하고 있다.[27] 이어 두번째 장면에는 수확한 포도를 술로 담가 술이 익어가는 과정을 묘사하여, 풍요로움을 만끽하는 상황을 그리고 있다. 포도주를 마실 수 있는 꼭지가 장식된 술 포대가 나오고, 통통한 어린아이가 술에 취해 귀퉁이에서 졸고 있는 형상을 새겨놓은 것은 절제력을 잃어버린 상황을 묘사한 것이다. 다시 기단 정면으로 돌아오면, 두 명의 푸토가 술의 신 바쿠스의 축제의 시작을 알리는 나팔을 불고 있는 형상이 있다. 이 노련한 조각가는 바쿠스의 축제를 강조하기 위해서 다른 푸토에게 바쿠스 신의 지팡이(thyrusus)를 들려 보내는 형상을 새기는 것을 잊지 않았다. 그리고 생명의 활력과 재생의 힘을 상징하는 푸토들의 입맞춤에도 무감각할 정도로 술에 취한 바쿠스의 모습을 한가운데 새겨놓았다. 바쿠스는 방탕과 사치로 인해 무질

도나텔로, 〈유디트와 홀로페르네스〉, 1457~1464년, 팔라초 베키오 2층, 백합의 방.

도나텔로, 〈유디트와 홀로페르네스〉 기단 부분. (위) 포도 수확 장면. (가운데) 수확한 포도로 술을 빚는 장면. (아래) 술에 취해 사치스럽게 즐기는 바쿠스 축제 장면.

서로 빠져드는 상황을 묘사할 때마다 등장한다.

조각가는 조각상 상부에 사치와 방탕으로 무질서의 상태에 빠져든 적군의 장수 홀로페르네스와 그의 머리를 베는 유디트를 조각해 전달하고자 한 메시지를 정확하게 표현했다. 이러한 설정을 통해 이 조각상은 악덕과 싸워 승리한 선행을 상징하는 르네상스의 대표적인 작품이 되었다. 그렇다면 영민하고 인문학적인 지식이 남달랐던 메디치 가문의 수장이자 피렌체의 지배자였던 코시모는 이 조각상을 자신의 저택 안뜰에 놓고, 저택을 방문하는 피렌체 유력 가문들과 후손들에게 무슨 말을 하려고 했던 것일까?

피렌체 지도자들에게 들려주는 교훈

로마제국 시대부터 영웅의 조각상에 글귀를 새겨 메시지를 분명히 전달하는 것이 관행이었다. 코시모도 이 관행에 따라 이 조각상 기단 아랫부분에 다음과 같은 문구를 새겨 전달하려는 메시지를 구체화했다.[28]

"제국(아시리아)은 반드시 사치로 멸망하고, 도시(이스라엘의 베툴리아)는 반드시 정의로 되살아난다. 교만한 자의 목은 절제를 갖춘 자의 손에 잘린다!"[29]

인문학적 지식이 풍부했던 코시모는 홀로페르네스를 교만과 사치를 일삼는 폭군으로, 유디트는 절제와 겸손의 덕목을 지닌 피렌체의 지도자로 새겨, 절제와 겸손, 정의를 지도자의 덕목으로 강조했다. 이 문구는 한 점의 조각상에 의미를 불어넣어 작품을 불멸하게 만들었다.

여기에는 권력의 유혹에 빠져 자신에게 주어진 특권을 남용하지 않겠다는 코시모 스스로의 다짐도 있었을 것이다. 자신과 후손에게 유디트가 지닌 용맹함, 절제, 겸손, 용기를 지닌 인물만이 정의를 실현하는 지도자가 될 수 있다는 점을 강조하고 있다. 그래서 르네상스 시대의 지도자는 '정의의 지도자Gonfaloniere di Giutzia'라 불렸다.

도나텔로의 조각상은 불멸의 작품이 되었지만 코시모마저 불멸일수는 없었다. 피렌체의 왕처럼 지낸 지 30년이 지난 1464년 한여름에 명을 다한 코시모는 피렌체의 권좌를 통풍으로 고통받아 '통풍' 피에로Piero 'il Gottoso'라는 별명이 붙은 40대 후반의 아들 피에로에게 넘겨주게 된다.

메디치 가 황금시대의 모습—메디치 가의 세속권력에 종속되는 영적 권력

코시모는 칭호만 없었지, 실제로는 왕이나 다름없었다. 세속권력의 정점에 앉아 있던 코시모는 종교를 자신의 위상을 신성화시키는 도구로 활용하여, 그 신성에서 나오는 카리스마로 세속권력을 더욱 강화하려고 했다.

산 로렌초 교회와 산티시마 안눈치아타 수도원이 메디치 가문의 소유가 되는 등 종교기관이 특정 가문에게 통째로 사유화되는 현상이 메디치 가 황금시대의 두드러진 특징이다. 과거에는 상상할 수도 없었던 일들이다. 이러한 과정에서 한때 주교와 토착귀족 들이 권력을 향유하던 두오모 복합공간과 필적할 만한 물리적 공간인 메디치 복합공간이 설립된다. 그래서 코시모가 주도하는 메디치 가의 황금시대에는 화가보다 건축가와 조각가 들의 활약이 두드러진다.

이는 중세에 주교가 신성을 기반으로 피렌체 세속세계를 지배하는 권력을 행사했던 상황과 다를 바가 없었다. 다만 주교가 피렌체 주인일 때에는 영적 영역이 세속 세계를 품었고, 코시모는 세속 세계에서 영적 세계를 좌지우지했다는 차이만 있을 뿐이다. 교황이 피렌체의 종교 지도자인 대주교를 임명할 때 사전에 코시모의 동의를 얻을 정도였다. 한때 대토지를 소유해 경제적으로 자립할 수 있었던 교회들이 부유한 신흥상인의 후원에 의존하면서 급격히 세속화의 길을 걷게 된다. 르네상스 시대의 특징으로 꼽는 '종교기관의 세속화'는 이렇게 고착되어간다.

이러한 전환의 과정에는 갈등이 따르기 마련이고, 그 갈등은 피렌체를 움직이는 영혼들의 심장을 빠르게 뛰게 했다. 빠르게 뛰는 심장은 상상력을 자극했고, 그 상상력은 피렌체와 메디치 가문의 수장이었던 코시모를 서유럽의 문화적 지도자로 올려놓게 된다. 로마제국 시대의 모든 길은 로마로 통했지만, 르네상스 시대의 모든 길은 피렌체로 통하게 된다. 그 중심에는 메디치 가문의 수장, 코시모가 있었다.

하지만 아쉽게도 메디치 가의 황금시대는 영원하지 못했다. 서유럽 전역의 경제적 불황이 피렌체에도 영향을 미쳐 메디치 은행은 서서히 쇠락의 길을 걷게 된다. 이제 피렌체 내부에는 더 이상 부자가 나오지 않고, 오히려 해외에서 메디치 은행의 지점을 맡고 있던 지점장들이 새로운 부자로 등장한다. 이 지점장들은 자신의 주인이었던 메디치 가 사람들이 하던 행동을 그대로 따라 하기 시작한다. 이들의 따라 하기 식 문화와 예술이 잘 발현된 장소가 산타 마리아 노벨라 수도원, 산타 트리니타 수도원, 그리고 단테가 사랑했던 베아트리체의 아버지가 세운 병원에 부속된 자그마한 예배당이다.

영화 〈냉정과 열정 사이〉 속 피렌체

약 15년 전 국내에서 상영된 〈냉정과 열정 사이〉 영화를 통해 피렌체를 둘러본 사람들이 많을 것이다. 필자도 피렌체에서 그림을 복원하는 화가 준세이와 연인 아오이가 헤어진 지 10년 만에 극적으로 재회하는 것을 보고 감동을 받은 기억이 생생하다. 이 장면은 신이 축복을 받은 연인들에게만 내려주는 잃어버린 시간에 대한 보상, 특별한 기적일 것이다. 그래서 영화의 주인공들이 만나던 광장은 '재회의 광장'이 되었고, 이후에 피렌체는 모든 연인들의 낭만과 사랑의 도시처럼 여겨졌다. 이 재회의 광장이 산티시마 안눈치아타 수도원이 위치한 장소이다. 아마 영화감독이 이 광장에서 두 연인을 만나게 한 의도가 있지 않을까?

이 광장에서 영화 주인공들이 배경으로 하고 있는 붉은 벽돌로 지어진 3층 건물이 등장하는데, 이 건물은 오래전부터 피렌체의 유력 가문인 그리포니Grifoni 가문의 저택이었다. 이 저택 2층의 오른쪽 끝에 있는 창문이 일 년 내내 열려 있는 데는 연유가 있다. 1500년대 중반에 이 부유한 가문의 아들은 한 여인과 약혼을 하자마자 곧바로 전쟁터로 나가게 된다. 하지만 전쟁터로 나간 약혼자는 끝내 돌아오지 않았다. 약혼하고 그리포니 저택에서 지내던 약혼녀는 이 건물 2층의 문을 열어놓고 약혼자가 돌아오길 하염없이 기다리다 생을 마감했다고 한다.

이후 저택의 집사가 창문을 닫자마자, 해괴한 일들이 벌어졌다. 벽에

산티시마 안눈치아타 광장에 위치한 그리포니 저택. 저택 2층 오른쪽 끝에 있는 창문은 항상 열려있다.

있던 액자와 가구 들이 이리저리 옮겨 다니고, 촛불을 켜놓으면 이내 꺼져버리곤 했다. 이상하게 여긴 집사가 창문을 다시 열어놓자, 촛불이 다시 켜지고 가구와 액자 들이 제자리를 찾아갔다고 한다. 이 소문이 나자 사람들은 약혼녀의 혼령이 창문을 열어놓고 약혼자를 기다리고 있다고 믿기 시작했다. 이후부터 이 저택이 위치한 광장은 헤어진 연인 들이 신의 축복으로 다시 만날 수 있는 '재회의 광장'이 되었다고 한다.

> "로렌초는 은행 지점장들이 은행원이 아니라
> 귀족처럼 구는 바람에 사업적으로 매우 불행했다."
> — **니콜로 마키아벨리** [1]

역사	피에로 데 메디치 사망 1469년	'위대한' 로렌초 집권 1469년	교황 식스투스4세 재위 1471~1484년

건축

▲ 산타 마리아
누오바 병원
1288년

▶ 산타 마리아 노벨라 수도원 개축
1480년대 초반

조각

▶ 산타 마리아 누오바
병원 부속 예배당 장식
1483년

회화

▲ 〈세 폭의 포르티나리 제단화〉
1475년

▲ 〈성모의 탄생〉
1485년

예술가·학자

◀ 보티첼리
1445~1510년

도메니코 기를란다요
1449~1494년

여섯째 날

메디치 가의 몰락기
(1469~1492)

파치 가문의 음모
1478년

'위대한' 로렌초 사망
1492년

◄ 산타 트리니타
수도원 개축
1480년대 초반

◄ 사세티 예배당 장식
(산타 트리스타 수도원)
1483~1486년

토르나부오니 예배당 장식 ►
(산타 마리아 노벨라 수도원)
1485년

◄〈사가랴 앞에 나타난 천사〉
1485년

▲〈프란체스코 수도회 정관 승인〉
1485년

▲〈로마 공증인 아들의 부활〉
1485년

◄ 레오나르도 다 빈치
1452~1519년

◄ 안젤로 폴리치아노
1454~1494년

코시모의 장남 피에로가 권좌를 이어받은 지 5년이 채 안 돼 사망하자, 그 자리를 큰아들 로렌초Lorenzo di Piero de'Medici, 1449~1492가 이어받게 된다(1469년). 코시모의 손자로, 당시 겨우 스무 살밖에 안 된 젊은이였다. 로렌초는 아버지로부터 약 24만 플로린, 한화로 무려 1900억 원이 넘는 어마어마한 유산을 물려받았다.[2] 로렌초는 다섯 살 때부터 그리스어와 라틴어, 철학, 그리고 문학까지 배워 상당한 인문학적 지식을 갖추었다. 돈과 권력뿐만 아니라 다른 유력 가문들과 차별화할 수 있었던 인문학적 지식도 지녀, 카리스마를 갖춘 지도자로 성장해갔다. 그리고 예술에도 상당한 관심을 보여, 레오나르도 다빈치의 스승인 베로키오, 수도사이자 화가였던 필리포 리피의 사생아로 천재적인 재능을 보이던 화가 필리피노 리피Filippino Lippi, 1457~1504와 〈비너스의 탄생〉으로 잘 알려진 산드로 보티첼리Sandro Botticelli, 1445?~1510 같은 화가를 후원함으로서, '위대한' 로렌초Lorenzo 'il Magnifico'라 불리는 명예

조르조 바사리, 〈로렌초 메
디치의 초상〉, 1533년, 우
피치 미술관.

까지 누린다. 후대 인문학자들은 이 시기를 '르네상스의 황금시대'라
부른다.[3]

하지만 신은 한 인간에게 모든 재능을 몰아주지는 않는가보다. 이
'위대한' 로렌초에게도 치명적인 단점이 있었으니, 다름 아닌 메디치
가문의 주력 사업인 은행을 경영하는 능력이 부족했다. 애초에 은행업
에 흥미가 없었던 듯하다. 그래서 로렌초는 인문학자들과 어울려 다니
면서 곧잘 "난 그런 일 잘 몰라요!"라고 말했다고 한다. 이 '그런 일'이

란 바로 메디치 은행을 경영하는 일이었다. 결국 로렌초의 사업적 무능력과 무관심으로 메디치 가뿐만 아니라 피렌체 경제를 떠받던 경제력을 상실하고 만다. 그래서 이 시기는 '르네상스의 황금시대'이면서, '메디치 가의 몰락기(1469~1492년)'이기도 했다.

말썽꾸러기 지점장들의 서투른 경영으로 몰락하는 메디치 은행

메디치 은행이 몰락하게 된 직접적인 원인은 사업 경험이 전무한 상태에서 사업을 이어받게 된 젊은 로렌초가 지점장들을 장악하지 못한 데 있다. 할아버지 코시모나 아버지 피에로 시대만 해도 피렌체에서 60여 일이 걸리는 런던과 브뤼헤의 지점장들이 매년 대차대조표를 들고 피렌체로 와서 보고를 했다. 하지만 로렌초 시대에 접어들면서 지점장들은 보고를 기피하거나, 부실을 숨긴 대차대조표로 눈속임을 하기 시작했다. 로렌초가 부실을 알아채고 감사를 파견했을 때는 이미 파산 직전의 상태였다.[4]

나이 어린 로렌초는 지점장들을 해고하기를 매번 머뭇거렸다. 지점장들이 가까운 친척이거나 천하의 아첨꾼, 아니면 메디치 가문과 오랜 인연으로 맺어진 가문의 후손들이기 때문이었다. 메디치 은행에서 수익이 가장 좋았던 로마 지점은 로렌초의 친 외삼촌 토르나부오니Giovanni Tornabuoni가 맡았고, 메디치 은행의 총지배인 프란체스코 사세티Francesco Sassetti는 천하의 아첨꾼이었다. 마지막 말썽꾸러기는 플랑드르 지역(벨기에)의 브뤼헤 지점을 책임지던 토마소 포르티나리Tommaso di Folco Portinari로 어려서부터 로렌초와 한집에서 자라 친형제나 다름없었다. 단테의 연인 베아트리체 가문의 직계 후손이기도 하다.

메디치 은행의 지점장들에게 넘어간 예배당 후원권

메디치 은행이 서서히 기울어가고, 그 여파로 피렌체 경기가 나빠지게 되면서 피렌체 내부에서는 더이상 신흥 부자들이 나오지 않았다. 대신 해외에서 근무하는 메디치 은행의 지점장들이 피렌체의 신흥 부자로 등장했다. 이들 해외 지점장들은 귀족 가문의 딸과 결혼하면서 자연스레 피렌체 사회의 상류 계층에 끼어들었다.

한편 피렌체 경제가 불황으로 빠져들자, 부유한 상인의 후원으로 유지되던 수도원들이 어려워졌다. 흑사병이 발발하던 100여 년 전만 해도 시신을 안장할 수도원이 부족했고, 망자의 영혼을 기리는 예배당을 구할 수도 없었다. 그러나 이제 사정이 달라졌다. 경기가 나빠지자, 수도원의 성당마다 주인이 없는 예배당이 하나둘씩 나타나기 시작했고, 성당 내부는 황폐해져갔다. 수도원측은 주인이 없어진 예배당을 후원할 새로운 후원자를 애타게 찾고 있었다. 마침 이 시기 외국에서 근무하면서 부를 축적한 메디치 은행 지점장들은 선조들의 시신을 안장할 수도원을 물색하기 시작했다. 이러한 쌍방 간의 이해관계가 맞아떨어져, 말썽꾸러기 지점장들은 주인 없이 방치된 예배당을 헐값에 소유할 수 있었다.

로마 지점장이었던 로렌초의 외삼촌 토르나부오니는 도미니크 수도사들의 근거지인 산타 마리아 노벨라 수도원에, 아첨꾼 프란체스코 사세티는 개혁 수도회의 성지나 다름없는 산타 트리니타 수도원에 둥지를 틀었다. 그리고 속임수로 유명했던 토마소 포르티나리는 자신의 선조들이 세운 산타 마리아 누오바 병원Ospedale di Santa Maria Nuova의 부속 예배당에 자리를 잡았다.

이들은 서로 경쟁적으로 예배당을 꾸미고, 자신들의 위상을 피렌체 사회에 드러내기 시작했다. 이 과정에서 가장 덕을 본 화가는 도메니코 기를란다요Domenico Ghirlandaio, 1449~1494로, 미켈란젤로의 스승이기도 하다. 한편 북유럽에 위치한 브뤼헤 지역의 지점장이었던 토마소 포르티나리는 피렌체 화가가 아니라, 자신이 근무하던 북유럽의 화가 휘호 판 데르 휘스Hugo van der Goes, 1440~1482에게 작품을 주문해 피렌체로 들여왔다. 〈포르티나리 제단화〉라고도 불리는 이 작품은 피렌체 화가들과 화풍이 달라 피렌체 예술계에 큰 충격을 주었다.

산타 마리아 노벨라 수도원

세속화로 추락하는
도미니크 수도회의 성지

피렌체의 관문인 산타 마리아 노벨라 기차역을 나서면 바로 길 건너에 오래된 듯한 수도원이 하나 보인다. 이 수도원은 1200년대 초반, 이 단자를 추방하겠다며 교황에게 충성을 맹세하고 피렌체로 들어온 도미니크 수도사들이 머무르던 산타 마리아 노벨라 수도원이다. 피렌체 최초 탁발 수도사들의 수도원이었다. 이 수도원 성당을 들어서면 장미창으로 들어오는 알록달록한 빛이 중앙제단에 설치된 정교한 대리석 제대와 벽화를 형형색색으로 물들이는 광경에 사로잡힌다. 왼쪽 벽면에는 〈성모의 일대기〉, 오른쪽 벽면에는 아기 예수에게 세례를 주는 장면인 〈세례자 요한의 일대기〉로 장식되어 있다. 이 벽화는 당시 피렌체에서 가장 활발하게 활동했던 화가 도메니코 기를란다요가 조수들과 함께 그린 작품이다. 장미창 역시 기를란다요가 디자인한 작품이다.

그런데 〈성모의 일대기〉나 〈세례자 요한의 일대기〉에 등장하는 여성들은 수놓은 비단으로 만든 화려한 의상을 입고 있어서 성모나 세례

산타 마리아 노벨라 수도원 전경.

산타 마리아 노벨라 수도원 성당
의 중앙제단 전경.

자 요한의 겸손함이나 절제와는 거리가 멀어 보인다. 이뿐만이 아니다. 어두운 중앙제단을 훤히 밝히기 위해 제작된 장미창 왼쪽 하단에는 귀족으로 보이는 한 남성이, 오른쪽 하단에는 두 손을 가지런히 모으고 기도를 드리는 한 여성이 그려져 있다. 이들은 메디치 은행의 로마 지점장 부부의 초상으로, 중앙제단과 예배당 후원권한을 통째로 소유했던 가문 소속이자 '위대한' 로렌초의 외삼촌이기도 하다. 수도원에서 가장 성스럽게 여기는 성소인 중앙제단이 있는 예배당에 후원자들의 형상을 뚜렷하게 그려넣은 작품은 이 작품이 처음이다. 30년을 피렌체의 왕처럼 지낸 코시모도 자신의 시신이 안장된 산 로렌초 교회의 중앙제단에 가문의 문장만 겨우 새겨넣었지, 초상화까지 그려넣지는 못했다.

중앙제단의 모든 후원권을 독점한 토르나부오니 가문

이 수도원의 도서관장 루치아노Padre Luciano에 의하면, 1221년 피렌체에 처음 발을 들여놓은 도미니크 수도사들은 '포도밭 위의 성모 교회Santa Maria delle Vigne'라 불리는 작은 교회에 자리를 잡았다고 한다. 그런데 교회가 너무 협소해서 확장을 결정했고, 당시 신흥상인의 후원만으로는 부족해 새롭게 탄생한 자치정부로부터 1200리라를 지원받았다.[5] 이 덕분에 다른 탁발 수도사들과 달리 세속화의 물결로부터 어느 정도 거리를 유지할 수 있었다고 한다.[6]

수도원 확장에 가장 많은 토지를 후원한 가문은 리치Ricci 가문이었는데, 후원의 대가로 중앙제단에 가문의 문장을 장식하고 지하 묘실에

산타 마리아 노벨라 수도원
도서관장 루치아노 신부.

선조들의 시신을 안장하는 특권을 받았다. 원래 중앙제단 앞의 바닥에
다섯 개의 묘비 석판이 있었는데, 후에 한 개만 남겨놓고 모두 철거했
다고 한다. 하지만 이 가문도 몰락해버려 중앙제단은 황폐해져갔고, 설
상가상으로 중앙제단 근처에서 화재가 나서 보수가 절실한 실정이었다
(1358년).[7] 그렇다고 수도원에서 가장 성스럽게 여기는 중앙제단과 연
계된 모든 후원권한을 한 가문에게 통째로 넘겨줄 수 없었다.

중앙제단은 성체성사가 행해지고 성유물이나 성인의 유골을 보관한
제대가 놓이는 성스러운 장소이다. 그래서 수도사들은 교회에서 중앙
제단 후원권한을 세속인들에게 통째로 넘겨주지 않으려고, 중앙제단
후원권한을 셋으로 분산시켰다. 성물이나 성인의 유골을 보관하는 제
대 후원권, 제대가 놓인 예배당 후원권, 그리고 중앙제단 바로 밑에 마
련된 지하 묘실에 시신을 매장할 수 있는 권한으로 나누었다. 하지만
1400년대 후반, 재정적인 어려움을 겪던 수도사들은 자신들이 가장 성

스럽게 여기는 중앙제단의 세 가지 후원권한 모두를 메디치 은행의 로마 지점장 조반니 토르나부오니의 가문에게 양도하는 치욕적인 결정을 내린다. 한때 이단자들을 옥에 가두고 재산까지 몰수할 수 있는 이단 재판권으로 시민들을 벌벌 떨게 했던 이 수도원도 결국에는 특정 가문의 수중에 들어가는 형국이 되었다. 르네상스 시대 말기에 궁핍해진 종교기관들이 세속화되어가는 전형적인 모습이다.

공직 진출이 금지된 토착귀족에서 메디치 가의 사돈이 되기까지

그렇다면 이 수도원에서 가장 성스러운 성소를 수중에 넣고, 위세를 부린 토르나부오니 가문은 어떤 가문인가? 오늘날 사람들에게 토르나부오니라고 하면 명품 상점이 즐비하게 늘어선 토르나부오니 거리(Via di Tornabuoni)를 연상하지만, 1100년대 후반부터 이 지역은 토르나쿠인치^{Tornaquinci}라 불리는 토착귀족 가문이 살던 곳이었다. 이 가문은 당시 이 지역에 방대한 토지를 소유하고 사병까지 거느린 영주로, 토착귀족이었다. 대부업과 무역으로 부를 축적하고 피렌체의 권력까지 장악한 신흥상인들은 이러한 토착귀족들을 가려내, 공직에 진출하지 못하는 가문으로 지정해놓았다. 그러자 정부가 공직에 진출하지 못하게 낙인을 찍은 이 가문들은 성씨를 바꾸었다. 토르나쿠인치 가문도 토르나부오니로 성을 바꾸었다.[8] 우리나라에서 조선 초기에 고려 시대의 왕족인 왕王씨들이 박해를 피하기 위해 다른 성으로 바꾼 상황과 빗대어보면 좋을 듯하다.

이후 이 가문이 번창하면서, 이 가문의 딸 루크레치아 토르나부오니

도메니코 기를란다요, 〈조반니 토르나부오니 초상〉, 1486~1490년, 산타 마리아 노벨라 수도원 성당 중앙제단.

Lucrezia Tornabuoni가 코시모의 장남 피에로와 결혼까지 하게 된다. 그녀가 코시모의 맏며느리이자, 로렌초의 어머니이다. 누나를 잘 둔 덕택에 고집불통에 이기적이었던 조반니 토르나부오니는 스물일곱 살의 나이에 메디치 은행의 로마 지점장 자리에 오른다. 많을 때는 메디치 은행 수익의 64퍼센트가 로마 지점에서 나왔으니, 로마 지점장이라는 직책은 중요한 자리였다.[9]

메디치 은행에는 로마 지점장 못지않은 말썽꾸러기 프란체스코 사세티라는 인물이 있었다. 피렌체 시민 모두가 인정하는 천하의 아첨꾼으로, 메디치 은행의 총지배인 역할을 맡았다. 사세티와 토르나부오니 두 사람은 은행 문제로 자주 다투었는데, 산타 마리아 노벨라 수도원의 중앙제단 후원권한을 두고 다툼이 불거졌다. 말이 수도원의 후원권한이지, 사실은 명당 묘자리를 확보하려는 치열한 다툼이었다.

은행 지점장의 수중으로 넘어간 수도원의 명당자리

수도원에서 명당 묘자리는 수도사들이 천국의 신전으로 여기는 중앙제단의 지하에 자리 잡은 묘실이었다. 그래서 돈과 권력을 손에 쥔 신흥상인들은 중앙제단이 있는 예배당 후원권한을 서로 차지하려고 했다. 중앙제단의 후원권한을 놓고 메디치 은행의 총지배인이었던 사세티 가문이 먼저 시동을 걸었다. 자신의 친척들이 산타 마리아 노벨라 수도원의 수도사로 있었던 인연도 한몫했다. 마침 화재로 오랫동안 흉물스럽게 색이 바래 있던 예배당의 장식에 필요한 비용 300플로린(2억 4000만 원)을 후원한다는 조건으로, 중앙제단 후원권을 요구했다.[10] 다른 수도원(산타 트리니타 수도원)에도 똑같은 조건으로 후원권한을 요구하고 있다는 사실을 알고 있던 수도사들은 사세티 가문이 약속을 이행하는지 여부를 보고 결정하기로 했다. 역시 수도사들의 예견대로 사세티 가문은 약속을 이행하지 않았다. 약삭빠른 사세티 가문은 여기저기 후원을 요청하며 손을 내미는 수도원들의 간을 보다가 결국 토르나부오니에게 중앙제단 후원권을 뺏기고 만다.

이 시기에 로마 지점장으로 있던 조반니 토르나부오니는 부인이 사망하자, 산타 마리아 노벨라 수도원에서 가장 성스러운 중앙제단 지하묘실에 부인의 시신을 안장하고 자신도 사후에 부인 곁에 눕고자 했다. 부인은 당시 최고의 부자로서 메디치 저택보다 크고 화려하게 지어진 피티 궁전을 소유한 피티 가문의 딸이었다. 로마 지점장은 자기 가문의 위상으로 보나 부인 가문의 위상으로 보나, 쉽사리 수도원 지하에 매장 권한을 얻을 수 있을 거라 생각했다. 이 수도원이 확장되던 1200년대 후반, 가문이 소유하고 있던 토지를 수도원측에 싼값으로 판매한 공을 생각했을 수도 있다(기부는 아닌 듯하다). 그러나 중앙제단 지하에 묘실을 얻기가 쉽지 않았다. 부인의 기일에 미사를 드려주는 수도사들에게 매번 후한 사례를 했고, 어머니의 기일에도 후원을 지속했다. 오랜 후원에 감복한 수도사들은 세 번에 걸친 투표 끝에 이 가문에게 중앙제단의 후원권한 모두를 양도하기로 결정했다(1486년 10월 13일).[11]

조반니 토르나부오니는 중앙제단이 설치된 예배당 벽면 장식을 기를란다요에게 부탁하고 〈성모의 일대기〉의 일곱 장면과 〈세례자 요한의 일대기〉일곱 장면으로 장식할 것을 주문했다. 비용은 약 1000플로린 정도였으니, 적은 액수는 아니다.[12] 수도원측이 이 가문에게 중앙제단의 후원권한을 통째로 건네주기 6개월 전에 이미 화가와 계약했던 걸 보면, 후원자와 수도원 사이에 어느 정도 약속이 있었던 것처럼 생각되기도 한다. 아니면 수도원측이 후원자가 중앙제단을 실제로 후원하는지를 지켜보고 후원권을 건네주려는 의도도 있었을 것이다. 나는 후자에 더 많은 비중을 두고 싶다. 메디치 은행의 총지배인으로 천하의 아첨꾼 프란체스코 사세티가 약속을 지키지 않았던 것을 경험한 수도사들이었기 때문이다.

가문의 위상을 드러내는 용도로 쓰인 예술작품

기를란다요는 후원자 가족들을 〈성모의 일대기〉 일곱 장면 중 성모의 탄생을 경배하는 장면의 주인공으로 등장시켰다. 이 작품에서 성모가 탄생한 장소가 범상치 않은데, 이곳은 바로 화려하고 고풍스러운 예술작품으로 장식된 토르나부오니 저택이다. 이 저택의 창문을 통해 들어온 아침 햇살은 푸토라 불리는 통통하게 살이 찐 어린아이들과 방 안을 가득 비춘다. 푸토는 앞서 얘기했듯 생명력과 풍요로움의 상징으로, 이들을 비추는 밝은 햇살은 성모의 탄생을 예견하고 축복함을 의미한다.

방금 탄생한 성모를 경배하는 무리 중 맨 앞에 선 젊은 여인이 후원자의 외동딸 루도비카 토르나부오니Ludovica Tornabuoni다. 화가는 이 작품과 동일한 구도로 〈세례자 요한의 탄생〉에서 경배하러 가는 행렬 제일 앞에 자신의 며느리(조반니 델리 알비치Giovanni degli Albizzi)의 형상을,

도메니코 기를란다요, 〈성모의 탄생〉, 1486~1490년, 산타 마리아 노벨라 수도원 성당의 중앙제단.

도메니코 기를란다요, 〈세례자 요한의 탄생〉, 1486~1490년, 산타 마리아 노벨라 수도원 성당의 중앙제단.

도메니코 기를란다요, 〈스가랴 앞에 나타난 천사〉, 1486~1490년, 산타 마리아 노벨라 수도원 성당의 중앙제단. 왼쪽 하단에 당대 최고의 인문학자들이 그려져 있다. 왼쪽부터 플라톤 아카데미 책임자인 마르실리오 피치노(Marsilio Ficino), 그리스어와 법률에 조예가 깊었던 크리스토포로 란디노(Christoforo Landino), 로렌초의 친구로 당시 피렌체 인문학계를 주도했던 시인 안젤로 폴리치아노(Angelo Ambrogini Poliziano), 성직자이자 로렌초의 가정교사였던 젠틸레 베키(Gentile Becchi)다.

그리고 그 뒤에 나이든 여인이 뒤따르는 모습을 그려넣었는데, 이 여인이 바로 얼마 전에 세상을 떠난 후원자의 누이이자, '위대한' 로렌초의 어머니이다. 후원자는 이렇게 미사를 드릴 때마다 피렌체 시민들이 올려다보는 중앙제단 예배당에 당대 최고의 권력자 가문의 딸, 유력 가문 출신 며느리와 '위대한' 로렌초의 어머니 모습을 그려넣음으로써, 자신의 가문이 피렌체 유력 가문들과 연관이 있다는 것을 과시하려 했다. 과시용 장면은 이것만이 아니다.

세례자 요한의 일대기 중에서 〈스가랴 앞에 나타난 천사Apparition of the Angel to Zechariah〉라는 작품을 자세히 보면, 로마 은행 지점장이 자신이 피렌체 사회에서 차지하는 위상을 드러내려고 안간힘을 쓴 장면들이 곳곳에 보인다.[13] 제사장인 스가랴에게 세례자 요한의 탄생을 알리는 천사 바로 옆에 붉은 천으로 만든 모자에 토가를 두르고 옆 동료와 이야기를 나누는 모습으로 그려진 이가 바로 중앙제단의 후원권한을 몽땅 소유한 로마 은행 지점장이다. 당시 붉은색 모자와 토가는 피렌체 정부 고위 공직자들의 제복으로, 자신도 한때 피렌체 정부에서 고위 공직을 역임했다는 것을 과시하려는 장면이다. 주인공 옆의 동료들은 당시 피렌체 정부의 고위 공직자들이다. 이 공직자들 하단에 네명의 인물이 그려져 있는데, 이들은 플라톤 아카데미의 책임자였던 마르실리오 피치노를 위시한 당대 최고의 인문학자들이다.[14] 맞은편에 그려진 이들은 후원자의 사업 파트너와 자손들이다. 마지막으로 자신이 이 장면에서 빠지는 게 서운했던지, 화가는 머리를 길게 기른 청년 뒤에 살짝 자신의 모습을 그려넣는 재치를 보였다.

토르나부오니는 〈스가랴 앞에 나타난 천사〉라는 장면에 자신과 친분이 있는 고위 공직자와 인문학자, 사업 파트너 등을 그려넣어 자신의 위상을 한껏 과시했다. 메디치 가문과 연계되어 상류 계층으로 신분이 상승한 신흥 부자들은 이렇게 연금술을 발휘하는 예술작품을 통해서 자신의 가문의 위상을 피렌체 사회에 드러내려 한 것이다.

그런데 조반니 토르나부오니는 결정적인 실수를 했다. 비록 조카이긴 하지만, 자신의 주인인 '위대한' 로렌초를 그려넣는 것을 깜빡했기 때문이다. 하지만 '위대한' 로렌초 곁에서 아첨을 일삼던 프란체스코 사세티는 달랐다. 로마 은행 지점장에 밀려 산타 마리아 노벨라 수도원에서 뜻을 이루지 못한 사세티는 산타 트리니타 수도원에서 멋진 복수극을 펼친다.

산타 트리니타 수도원

종교기관 세속화의 절정

"우리 가문에게 중요한 것은 우리 가문이 오래된 명문가임을 피렌체 시민들에게 알리는 것이다. 후손들이 우리 가문의 명성과 권위를 되찾고자 한다면, 산타 마리아 노벨라 수도원의 중앙제단 후원권한을 되찾아야 한다!"[15] 메디치 은행의 총지배인이었던 프란체스코 사세티는 자신과 평생 라이벌 관계였던 메디치 은행의 로마 지점장 토르나부오니와 산타 마리아 노벨라 수도원의 중앙제단 후원권한을 놓고 힘겨루기를 하다 결국 패한 뼈아픈 기억을 잊을 수가 없었던 모양이다. 하지만 토르나부오니는 '위대한' 로렌초의 외삼촌으로, 그 격에 있어서 사세티 가문은 견줄 바가 못 되었다.

말썽꾸러기 은행 총지배인은 산타 마리아 노벨라 수도원에서 걸어서 채 5분도 안 되는 거리에 있던 산타 트리니타 수도원의 한 예배당을 소유하게 된다(산타 트리니타는 성 삼위일체를 뜻한다). 이 예배당은 원래 이 지역의 부자 페트리보니Petriboni 가문 소유였다. 하지만 그 후

산타 트리니타 수도원 전경.

손들은 예배당 벽화를 관리하지 못하고 성인의 축일과 선조들의 기일
에 양초조차 후원하지 못할 정도로 가난했다. 하는 수 없이 수도원은
천하의 아첨꾼인 줄 알면서도 예배당 소유권을 사세티 가문에게 넘겨
주었다.[16] 이전까지만 해도 피렌체 교회 중에서 세속화로부터 거리를
가장 잘 유지하고 있었던 산타 트리니타 수도원은 왜 이런 아첨꾼에게
천국으로 가는 티켓으로 여겨지던 예배당의 소유권을 넘겨주어야만
했을까?

고달픈 여인네들의 안식처였던 수도원의 필연적인 운명

이 수도원은 초기에 아르노 강가에서 옷을 세탁하며 근근이 살아가던 가난한 이들이 고된 하루를 끝내고 기도를 드리던 장소였다. 또한 부패한 주교에 정면으로 반기를 들었던 수도사 조반니 괄베르토Giovanni Gualberto가 자리를 잡았던 종교개혁의 상징적인 성소였다. 그런 명성을 간직하고 있던 수도원이 어째서 이렇게 세속화된 것일까? 내가 만난 이 수도원의 브로기 원장Don Antonio Brogi의 설명에 따르면, 당시 이 수도원 자리에는 '고통을 함께하는 성모마리아Madonna dello Spasimo'라 불리는 자그마한 교회가 있었다 한다. 그런데 이 교회를 돌봐온 두 명의 성직자가 사망하면서, 이 교회는 부패한 주교와 싸우던 발롬브로사나 수도회La Congregazione Vallombrosana에게 넘어간다. 당시 이 수도원은 주교의 부패를 보다 못한 신도들의 열렬한 후원으로 번창했다고 한다. 산타 트리니타 수도원은 1000년대 초반부터 피렌체의 최고 권력자였던 주교의 부패한 모습을 견디다 못해 종교개혁을 하겠다고 설립된 수도회 소속이었다.[17]

이후로 이 수도원은 정의감에 충만한 시민들과 주교에 반대하는 가문들, 그리고 가난한 여인네들의 후원으로 잘 유지되어왔다. 그중에서도 한때 피렌체에서 가장 부자였던 스트로치 가문의 후원이 가장 많았다. 하지만 이 가문이 메디치 가문에 의해서 정적으로 낙인 찍혀, 피렌체에서 영구 추방당하자(1434년), 수도원은 가장 후한 후원자 한 사람을 잃게 되었다. 1470년대 후반에 들어서 피렌체 내부 경기가 점점 더 악화되자, 이 수도원도 극심한 재정난에 빠지게 된다. 수도원측은 설립자의 종교개혁 의지는 잠시 접어두고 우선 생존부터 해야 했다. 이런

산타 트리니타 수도원의 브로기 원장.

배경에서 평판이 좋지 않았던 천하의 아첨꾼 지배인에게 천국행 티켓으로 여기던 예배당 소유권을 넘겨주고 만 것이다.

졸부가 된 메디치 은행 총지배인의 민낯

그렇다면 피렌체의 새로운 부자로 떠오르던 프란체스코 사세티는 어떤 인물일까? 한마디로 표현하자면 주인의 비위를 거스르지 않고 자신의 이익부터 챙기던 인물이었다. 예를 하나만 들어도 어떤 인물인지가 머릿속에 쉽게 그려진다. 20살의 로렌초가 메디치 가문의 수장이 되자, 메디치 은행의 총지배인이던 프란체스코 사세티는 자신보다 어린 메디치 가문의 수장 '위대한' 로렌초에게 충정(?) 어린 한 통의 편지를 보냈다. "당신께서 원하는 것이 무엇인지 알려주십시오! 예수의 열

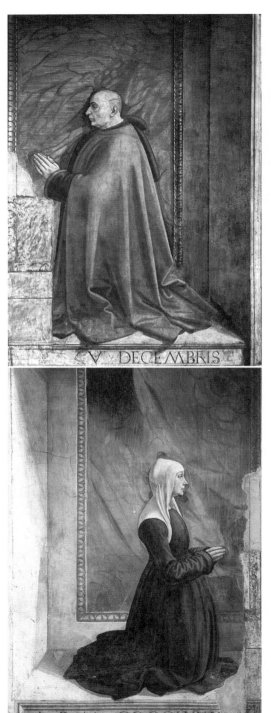

도메니코 기를란다요, 〈프란체스코 사세티의 초상〉〈프란체스코 사세티 아내의 초상〉, 1486년 이후, 산타 트리니타 수도원 성당 사세티 예배당.

두 제자들이 주님을 신성하게 여기고 사랑스럽게 따랐듯이 저도 당신이 원하는 모든 것을 실행에 옮길 것입니다!" 이 편지를 받은 로렌초는 감복하여 "사세티, 당신에게 나는 나의 삶, 나의 자식들, 그리고 내가 이 세상에서 가진 모든 것을 맡긴다!"라고 화답했다.[18]

이렇게 '위대한' 로렌초에게는 충성스러운 종복이었지만, 사세티는 로렌초 이외의 어느 누구한테도 신임을 받지 못했다. 은행가 길드의 대표들조차도 아첨이 도를 넘은 메디치 은행의 지배인을 회원으로 받아들이지 않을 정도였다. 피렌체 시민들은 이 아첨꾼이 정부 관료가 되는 것을 공공연히 반대했다. 그래서 이 가문의 직계 자손들이 공직에 진출한 기록도 찾아볼 수가 없다. 그만큼 은행업과 공직에서 가장 중요한 덕목인 '신뢰'를 갖추지 못했던 가문이었다.

그러나 이 아첨꾼은 '위대한' 로렌초의 배려로 메디치 은행의 해외 지점(제네바와 리옹)에 투자를 할 수 있게 되었고, 그 과정에서 막대한 부를 쌓아갔다. 한때 정부에 신고한 재산이 9만 7000플로린(약 770억 원)이었다. 세금을 내기 위해 신고한 재산 규모가 이 정도이니, 실제 재산은 이보다 엄청 많았을 것이다(당시 은행가들은 해외 지점에 투자한 자산과 수익은 신고하지 않았다). 할아버지가 독실한 고리대금업자였으니, 고리대금업자의 자손이 출세를 한 셈이다. 부를 등에 업고 스물다섯 살이나 어린 로마 귀족 가문의 딸(네라 코르시Nera Corsi)과 결혼을 하게 된 아첨꾼 사세티는 그간 피렌체 유력 가문들이 교회를 후원하며 가문의 위상을 드러내는 경우를 많이 보았다. 그도 가문의 명예를 세운다며 이 교회, 저 수도원에 후원을 하겠다고 들락거렸다.

로렌초가 관심을 가진 수도원에 둥지를 튼 졸부

마침 이때 피렌체의 산타 트리니타 수도원의 원장이 수녀에게 보낸 연애편지가 문제가 되어 수도원 원장 자리가 공석이었다. '위대한' 로렌초는 자신의 둘째 아들을 이곳 수도원의 원장으로 앉히려 했다. 또이 수도원 소유인 토지를 헐값에 사들여 별장을 지을 계획도 세웠다. '위대한' 로렌초의 관심이 이 수도원에 쏠리자, 아첨꾼 사세티는 산타 마리아 노벨라 수도원의 후원권한을 되찾는 일을 접어두고 산타 트리니타 수도원으로 발길을 돌렸다. 아들의 이름도 '위대한' 로렌초의 할아버지 이름을 따 코시모라 지을 정도였는데 이 정도를 못하랴! 하늘에서는 가문의 수호성인인 성 프란체스코의 축복을, 지상에서는 '위대한' 로렌초의 축복을 받으면 그만이었다. 이쯤 되면 주군을 위해서 못할 일이 무엇이겠는가?

이 아첨꾼은 수도원 앞에 위치한 가게를 구입해서 임대료를 수도원 은행 계좌로 곧바로 입금되게 해놓고, 1000플로린(약 8억 원)도 추가로 후원했다.[19] 그러자 재정난에 빠진 수도원은 천하의 아첨꾼 가문에게 다른 가문(페트리보니)이 소유하고 있던 예배당을 기꺼이 물려주었다. 그리고 예배당 앞에 묻혀 있던 다른 가문의 선조들 유골을 이장해버리고, 예배당 앞 매장 권한까지 희사했다. 사세티는 기를란다요에게 자신의 예배당 장식을 맡겼다. 경쟁 가문이 예배당 장식을 통해서 가문의 위상을 드러냈던 것을 따라하고 싶었던 모양이다. 그래서 그런지 형식이나 후원자들을 배치한 구도가 토르나부오니 가문의 예배당 장식과 거의 비슷하다.

기를란다요는 프란체스코 수도회 창시자인 '성 프란체스코 일대기'

사세티 예배당 전경, 산타 트리니타 수도원 성당.

를 주제로 예배당을 장식한다. 토르나부오니 가문이 중앙제단 장식에 오래된 귀족들과의 정략 결혼을 그려 가문의 위상을 드러냈듯이, 아첨꾼 가문은 메디치 가문과의 친분을 내세웠다. 그래서 이 화가가 장식한 작품은 성 프란체스코가 행한 기적이라는 성스러운 종교적 주제를 표현하는 것 같아 보이지만, 실제로는 메디치 가문과의 친분을 과시하면서 가문의 위상을 드러내려는 목적을 띤 한편의 잘 짜여진 세속화이다.

종교 주제를 활용해 주군께 아첨하는 졸부의 세속화

〈프란체스코 수도회 정관 승인〉은 열두 명의 수도사들이 교황에게 새로이 창설된 수도회의 정관을 승인해달라는 요청을 드리는 장면인데, 오른쪽을 보면, 순서대로 당시 정부의 행정 수반으로 처남이었던 푸치Antonio di Puccio Pucci, 주군 '위대한' 로렌초, 그리고 사세티 자신과 넷째 아들의 형상이 그려져 있다. 이 작품을 통해서 이 아첨꾼은 자신의 가문이 당대 실세인 메디치 가문 및 정부 각료들과 친분이 있음을 드러내고 있다.[20]

이 작품이 그려질 즈음, 사세티 가문에는 슬픔과 환희가 교차했다. 가문의 대를 이어줄 첫째 아들이 사망하고 1년이 지나 둘째 아들이 태어난 것이다. 사세티는 둘째 아들의 출산을 수호성인의 축복으로 여겼고, 이러한 축복은 〈로마 공증인 아들의 부활〉이란 작품에 나타나 있다. 전해내려오는 이야기에 의하면, 로마의 한 공증인의 아들이 2층 건물의 창문에서 떨어져 사망했는데, 성 프란체스코의 혼령이 나타나 죽은 아이를 되살렸다고 한다.[21] 작품 상단에 하얀 수도사 복을 입은 성

도메니코 기를란다요, 〈프란체스코 수도회 정관 승인〉, 1486년 이후, 산타 트리니타 수도원 성당 사세티 예배당.

도메니코 기를란다요, 〈로마 공증인 아들의 부활〉, 1486년 이후, 산타 트리니타 수도원 성당 사세티 예배당.

프란체스코의 환영과 죽은 아이가 벌떡 일어서는 장면이 있다.

이 아첨꾼은 이러한 기적이 자신의 가문에게도 일어났다고 믿고 싶었을까? 아니면 신의 축복을 받은 가문으로 묘사하고 싶었던 것일까? 이러한 기적이 일어나는 장면에 사세티의 다섯 딸과 사위 들이 경건하게 기도를 드리고 있다. 아이 어머니를 하얀 두건을 쓰고 무릎을 꿇은 모습으로 그린 것도 이러한 간절한 바람에서 나왔을 것이다. 부활한 아이는 두말할 필요도 없이 신의 축복으로 새로이 태어난 둘째 아들의 형상이다.[22] 이러한 묘사만으로 좀 부족하다고 생각했는지, 화가는 산타 트리니타 수도원을 작품 배경에 그려넣음으로써, 이러한 기적이 일어난 장소가 로마가 아니고 피렌체라는 점을 강조하고 있다.

이제 마지막 남은 말썽꾼 지점장 토마소 포르티나리 가문이 자신 가문의 위상을 드러내는 모습을 볼 차례이다. 스스로를 귀족으로 착각한 이 말썽꾼 지점장이 피렌체 화가가 아니라 북유럽 화가에게 작품을 주문하여, 피렌체에 북유럽 예술 양식을 처음 소개했다는 점에는 높은 점수를 주고 싶다. 이 작품은 피렌체에 최초로 세워진 병원인 산타 마리아 누오바 병원에 딸린 부속 예배당에 있다. 두오모 성당에서 북동쪽으로 걸으면 3분도 채 안 되어 도착하는 가까운 거리다.

산타 마리아 누오바 병원 부속 예배당

메디치 은행을 파산으로 몬
단테의 연인 가문

"흙으로 빚어진 피조물이 어찌 이리 순결할 수 있단 말인가!" 시인
단테가 아르노 강을 가로지르는 베키오 다리(Ponte Vecchio)에서 우연
히 베아트리체를 만나 느낀 환희를 기록한 소네트의 일부분이다.[23] 두
연인이 만났을 당시 단테는 열여덟, 베아트리체는 단테보다 한 살 어
린 열일곱이었다. 베아트리체는 피렌체 최초의 병원인 산타 마리아 누
오바 병원을 설립한 아주 부유한 은행가 가문의 딸이어서, 가난한 시
인 단테의 결혼 상대가 될 수 없었다. 이 베아트리체가 태어난 가문의
후손 중 한 명(폴코 포르티나리Folco d'Adordo Portinari)이 메디치 은행의
피렌체 지점에 1만 2000플로린을 투자하게 되면서 메디치 가문과의
인연이 시작된다. 지분으로 치면 8분의 1에도 못 미치는 적은 액수였
지만, 후에 피렌체 지점장이 되었다.[24]

하지만 피렌체 지점장이 된 이 파트너가 뜻하지 않게 세 명의 어린
아들을 남겨두고 세상을 떠나자, '위대한' 로렌초의 할아버지 코시모는

토마소 포르티나리의 초상. 휘호 판 데르 휘스, 〈세 폭의 포르티나리 제단화〉일부. 그림 오른편 하단에 무릎을 꿇고 기도하는 모습으로 그려진 검은색 수도사 복장의 남자가 토마소 포르티나리다.

어린 아이들을 거두어 자신의 집에서 키웠다(1431년).[25] 이 형제들 중 막내 토마소 포르티나리Tommaso di Folco Portinari, 1428~1501는 열여섯 살 때부터 플랑드르 지방의 브뤼헤 지점에서 근무했다. 당시 브뤼헤는 이탈리아에서 들여오는 향신료, 백반, 보석, 비단 등을 판매하고, 그 판매 대금으로 영국에서 건너오는 양모를 구입해 피렌체로 다시 보내는 국제 무역도시로, 피렌체 경제에 미치는 영향이 매우 컸다. 브뤼헤 지점장 토마소 포르티나리는 로렌초가 은행을 경영하는 1400년대 후반 최고의 말썽꾸러기였다. 한때 유럽에 스물두 개가 넘는 사무실을 운영하던 신용도가 가장 높았던 메디치 은행이 문을 닫은 것은 귀족 흉내를 내며 뽐내길 좋아하는 이 지점장 때문이었다.

메디치 은행을 파산으로 몰다

이 말썽꾸러기 지점장은 '위대한' 로렌초와 상의도 없이 부르고뉴 공작에게 막대한 금액을 대출해주었다. 하지만 부르고뉴 공작이 갑자기 사망하자 메디치 은행은 엄청난 피해를 입는다. 이뿐만이 아니다. 십자군 전쟁에 사용될 것을 기대하고 두 대의 갤리선(산 마테오 호와 산 조르조 호)을 제조하기도 했다. 그러나 십자군 전쟁을 계획한 교황 피우스 2세가 사망하자 이 갤리선은 메디치 은행에 짐만 되었다.[26] 후에 이 사실을 알게 된 메디치 은행 본사에서는 갤리선을 팔 것을 지시했지만, 토마소 포르티나리는 교묘히 피해갔다. 로렌초조차 "포르티나리 형제들 때문에 많은 손해를 보았다. 그들과의 관계를 청산해야겠다"고 말할 정도였다.[27] 그리고 '무모한 샤를Charles the Bold'로도 불리던 부르

산타 마리아 누오바 병원의 부속 예배당 전경.

고뉴 공작과 영국 왕의 딸 마거릿Margaret의 중매를 서는 등 은행 지점
장이 아니라 귀족처럼 활동했다.

그런데 귀족 흉내를 내던 이 말썽꾸러기 지점장에게 칭찬할 만한 업
적이 딱 하나 있는데, 다름 아니라 피렌체에 북유럽 회화 양식을 처음
으로 소개해 피렌체 예술계에 신선한 충격을 던졌다는 것이다. 그 작

품이 당시 북유럽 지역의 천재 화가 휘호 판 데르 휘스가 그린 〈아기 예수의 탄생〉이란 그림이다.

이 귀족 흉내를 내는 말썽꾸러기 지점장은 형이 갑자기 사망하자, 막대한 유산을 받으면서 엄청난 부자가 되었다. 그는 선조들이 설립한 피렌체 최초의 병원에 부속된 조그마한 예배당(Chiesa di Sant' Egidio)의 후원권한을 700플로린, 우리 돈으로 치면 5억 6000만 원 정도를 지불하고 사들였다.[28] 이 예배당은 몸을 움직이지 못하는 중증의 환자들이 병원 침상에 누워서 기도를 드리는 용도로 사용되던 장소였다. 하지만 이 예배당을 소유한 말썽꾸러기 지점장이 매일 자신을 위해 기도할 장소로 사용하면서 이 예배당은 환자들을 구원하는 장소가 아니라 특정 가문의 시신을 안장하는 장소로 바뀐다.

그는 이전 피렌체 명문가들이 했던 것처럼 중앙제단의 후면을 가리는 세 폭짜리 제단화를 주문한다. 제단화는 우리의 경우 제사를 지낼 때 차례 상의 후면을 가리는 병풍과 유사하다. 그래서 이 작품은 〈세 폭의 포르티나리 제단화The Portinari Triptych〉라고 부르기도 한다. 포르티나리는 이 제단화를 자신이 근무하던 북유럽의 브뤼헤 지점에서 평소 친분이 있던 화가 휘호 판 데르 휘스에게 가능한 한 화려하게 그려 달라고 부탁했다.

베토벤의 9번 교향곡 '합창'을 닮은 회화

이 천재 화가의 작품은 베토벤의 9번 교향곡 '합창'과 비슷하다. 엄격한 규칙성과 긴장감을 주지 않으려는 절제, 메시아의 출현을 기리는

휘호 판 데르 휘스, 〈세 폭의 포르티나리 제단화〉, 1476~1479년, 우피치 미술관.

신앙적 염원 등이 닮았다. 또한 작품을 제작할 당시 화가는 정신 질환
을 앓고 있었고, 베토벤은 청각을 잃어 고통받고 있었다는 점도 닮았
다. 이 작품을 감상하기 위해선, 화가의 심리적인 상태를 아는 것이 도
움이 된다.

　이 화가는 청년 시절 후원자의 딸과 애절한 사랑에 빠졌으나 부모의
반대로 헤어지고 상사병으로 고통을 받는다. 설상가상으로, 아버지가
사망하고 어머니가 재혼을 하는데, 하필 상대는 작은 아버지였다. 그것
도 잠시, 자신의 마지막 사랑이었던 어머니마저 세상을 뜨고 그는 심
각한 우울증에 빠지게 된다. 정신병을 이기지 못한 이 천재 화가는 결
국 수도원에 자신의 아픈 몸을 의지한다.[29] 이 작품을 주문받았을 당시
에 그는 정신병으로 고통받는 동시에 엄격한 수도사의 삶을 살고 있었
기 때문에 그림에는 정신적 고통과 신앙적 염원들이 혼합되어 녹아 있

다. 피렌체 회화에는 거의 등장하지 않는 마귀들, 지나치게 화려한 의상을 입고 있는 형상으로 묘사된 천사들, 그리고 다양한 색을 지닌 꽃들이 이 작품을 수놓고 있다.

피렌체 예술계를 충격에 빠트리다

제단화의 한가운데 그려진 〈아기 예수의 탄생〉의 왼편 위를 보면, 아기 예수의 탄생 장면에 좀처럼 볼 수 없는 두 마귀가 있다. 이중 황금색 의상을 입은 마귀는 아기 예수의 탄생 소식을 듣고, 자신의 권력을 빼앗길까봐 아기 예수를 죽이려고 했던 이스라엘의 왕 헤롯Herod이다. 그 옆에 하얀 옷을 걸친 또다른 마귀는 신이 되기 위해 하느님에게 도전했다가 지옥으로 떨어져 지옥의 파수꾼으로 전락한 루시퍼Lucifer다. 화가는 지상의 왕을 탐하던 헤롯과 신의 권력에 도전하던 루시퍼를 마귀로 표현해 막 태어난 아기 예수를 지상과 천상의 왕이자, 초자연적인 존재로 표현하고 있다.

아기 예수 앞에는 형형색색의 아름다운 꽃들이 그려져 있다. 하얀 꽃은 성모마리아의 순결을 상징하는 백합이고, 주황색 꽃은 아기 예수가 구원을 위해 십자가에서 수난을 당할 것이라는 예언이다. 그 옆에 활짝 핀 자주색 꽃은 인간의 고통을 함께하는 아기 예수의 겸허함을 상징한다. 그래서 막 탄생한 아기 예수가 어머니의 품에 안겨 있지 않고, 자신을 한껏 낮춰 땅위에 누워 있는 것이다.

이 제단화는 이 예배당 중앙제단의 제대 후면에 설치되었다(1483년 5월). 작품이 피렌체에 처음 도착하자 피렌체 사회의 반응은 엇갈렸다.

휘호 판 데르 휘스, 〈세 폭의 포르티나리 제단화〉 중 〈아기 예수의 탄생〉.

휘호 판 데르 휘스, 〈아기 예수의 탄생〉 일부.

피렌체 성직자들은 성모마리아가 아무런 고통 없이 아기 예수를 출산 했다고 믿었으므로 출산의 고통을 덜어주는 산파가 그려진 것을 비난 했다. 하지만 피렌체 화가들은 아기 예수의 탄생 장면을 극적이고 순 간적인 환영幻影의 형식으로 그려낸 기예를 보고 충격을 받았다.

화가는 〈아기 예수의 탄생〉에서 자신의 경건한 신앙심을 드러내기 위해 자신이 몸담고 있었던 수도원을 상징하는 검은색 수도복을 입은 수도사를 왼편에 그렸다. 그리고 오른쪽 패널에는 성모마리아의 안전 한 출산을 기원하는 바램으로 시종을 드는 여인들의 치마에 용을 그렸 다. 당시 안전한 출산을 기원하며 임신한 여인들의 옷에 용을 수놓는 풍습이 있었기 때문이다. 그리고 다른 지점장들이 그랬던 것처럼, 이 말썽꾸러기 지점장도 이 성스러운 예배당에 자신을 그려넣는 욕심을 부렸다.

그는 자신과 부인의 형상을 그려달라고 다시 주문했다. 작품 왼편 패널에 검은 수도사복을 입고 간절히 기도하는 이가 말썽꾸러기 지점 장 토마소 포르티나리이고, 오른쪽 패널에 북유럽 부잣집 여인들이 쓰 던 고깔모자를 쓴 여인이 바로 그의 부인 마리아 바론첼리Maria di Fran- cesco Baroncelli이다. 그림이 그려질 당시 임신한 상태였기 때문에, 안전 한 출산을 기원하는 마음에서 용의 형상을 수놓은 치마를 입고 있는 시종들을 한 장면에 그려넣었을 것이다.

인간 존중 사상이 탄생하는 빅뱅의 순간

메디치 은행이 경영에 어려움을 겪고, 피렌체 경기가 나빠지던 1400

〈세 폭의 포르티나리 제단화〉 오른쪽 패널의 용 모습.

토마소 포르티나리의 아내 마리아 바론첼리의 초상, 〈세 폭의 포르티나리 제단화〉 일부.

년대 후반, 그 여파로 피렌체 종교기관들도 재정적 어려움에 처하게 된다. 궁핍해진 종교기관들은 졸부가 된 은행 지점장들에게까지 예배 당 후원권한을 넘겨주는 상황에 처했다. 피렌체 교회들은 세속화되고, 영적 권위를 급격히 잃어갔다.

한편 메디치 은행의 해외 지점장들 덕분에 피렌체는 그 어느 국가들 보다 빠르게 북유럽의 관습과 문화를 받아들일 수 있었다. '위대한' 로 렌초는 외국 지점들을 통해 고대 그리스·로마의 인문학 서적들과 필사 본을 사들여 피렌체 인문학자들에게 제공했다. 이 시기에 이슬람 지역 으로부터 이교도 서적도 같이 유입되어 피렌체 사회에는 동양의 신비 주의가 만연하게 된다.[30]

교회가 신성함을 잃은데다 이교도 문화와 학문을 쉽게 접할 수 있었 던 피렌체는 서유럽의 다른 국가들보다 종교적인 도그마에서 쉽게 벗 어날 수 있었다. 인간이 지닌 지성을 존중하는 사상이 탄생하는 빅뱅 의 순간이다. 이제 피렌체 인문학자들은 신을 삶의 중심에 놓았던 신 학과 인간의 지성과 합리적 사고를 중시하는 철학을 나란히 놓기 시작 한다. 이러한 변환 한가운데에 피렌체의 젊은 인문학자 피코 델라 미 란돌라Pico della Mirandola가 있었다. 미란돌라는 "자신이 원하는 것은 무 엇이든지 이룰 수 있는 능력, 이것은 신이 인간에게 주신 최고의 선물 이며, 인간이 신으로부터 받은 최고의 축복이다"라고 말했다. 그는 인 간이 타고난 지성을 강조할 정도로 인간을 존중하고, 철학과 신앙 양 쪽 모두의 중심에 인간을 놓았던 대표적인 인문학자이다.[31]

이러한 과정을 겪으면서 피렌체에서는 인간의 지성을 중시하는 인 간 존중의 시대가 펼쳐지기 시작한다. 성직자들에게는 이교도로 보였

미켈란젤로, 메디체아 라우렌치아나 도서관(Biblioteca Medicea Laurenziana), 1525~1572년. '위대한' 로렌초 시대에 메디치 가문이 소장하고 있던 1096권의 책과 필사본을 보관하기 위해서 지어진 도서관이다. 교황 클레멘스 7세가 미켈란젤로에게 도서관 건설을 주문했지만 당대에 완성하지 못하고 바사리 등, 후임 조각가에 의해 나중에 완성되었다. 현재 이 도서관에는 르네상스 시대에 발간된 4500여 권의 책과 필사본을 합해 모두 1만 1000여 권의 장서가 보관되어 있다.

겠지만, 이러한 새로운 사상들이 용해되어 근대를 여는 사상의 초석을 놓게 된다. 이는 소수의 귀족 상인들의 손에서 안주하던 베네치아나 교황청을 중심으로 교황이 주도하던 로마의 르네상스와 다르다.

한편 말썽꾸러기 지점장들의 서투른 경영 때문에 메디치 은행은 문을 닫게 되고, 메디치 가문에 의해 펼쳐지던 60년의 르네상스 황금시대는 막을 내린다(1494년). 그리고 도시국가로 뿔뿔이 흩어진 이탈리아를 통일시키겠다는 야망을 지닌 젊은이 마키아벨리가 정치 전면에 등장하는 공화정 시대가 열린다. 또한 "대리석에 사람이 갇혀 있으니 빨리 꺼내야 한다"며 항상 조바심을 내던 조각가 미켈란젤로의 전성시대가 펼쳐지게 된다.

임산부에게 특효가 있는
성수 이야기

산타 트리니타 수도원 성구실에 가면 1100년대 초반부터 구원의 성
수로 이름났던 자그마한 우물이 있다. 르네상스 시대에는 이 성수가
열을 내리는 데 효험이 있다고 알려졌는데 특히 임산부에게 특효가 있
었다고 한다. 이 성수와 관련된 신비스러운 이야기가 있다.

투치오, 조반니 괄베르토의
성수, 1423년, 산타 트리니
타 수도원 (구) 성구실.

발롬브로사나 수도회의 창시자 성 조반니 괄베르토San Giovanni Gual-
berto는 피렌체로 오는 도중에 슬리퍼 한 짝을 우물에 빠뜨리고 말았다.
그는 곧 그 물을 축원하고 모든 여인에게 복을 주는 물이 되기를 기원
했다. 그 우물물은 수도원 성당의 성구실로 흘렀으므로 여인들은 성구
실 작은 분수대에서 물을 마시거나 집으로 물을 길어가 씻는 데 사용
하곤 했다. 축복받은 물이었기 때문이다. 우물 옆에는 임신한 성모마리
아 상이 있어서 임신한 여인들은 여기서 순산을 기원했다. 이런 연유
로 오늘날 이 수도원 성당의 성구실에 가면 그 우물이 있던 장소가 그
대로 보존되어 있다.

슬리퍼는 이탈리아어로 치아바타ciabatta이고, 피렌체 사람들이 이 물
을 치아바타 물l'acqua della ciabatta 또는 치아바타 우물il pozzo della ciabatta
이라고 부른 것은 사실은 고달픈 세탁일로 삶을 이어나가던 임신한 여
인들이 주로 굽이 낮은 슬리퍼를 신고 이 우물물을 양동이에 담아 집으
로 가져갔기 때문일 것이다.

그러나 1600년대 들어서 그 물을 마신 임산부들이 병에 걸리자, 이
성수를 마시는 것이 금지되었다. 오늘날에는 수도사들이 미사를 드리
기 전에 손을 씻는 물로 사용하는 정도라고 한다.

"신이 도우신다면,
나는 이탈리아에서 본 것 중에서 가장 아름다운 작품을 만들어낼 것이다"
— **미켈란젤로 부오나로티**[1]

역사				
	프랑스의 이탈리아 침공 1494년			메디치 가의 복귀 1512년
		사보나롤라의 신정정치 1494~1498년	마키아벨리의 공화정 1498~1512년	
	메디치 가의 추방 1494년			교황 레오 10세 선출 1513년

건축

팔라초 베키오, 시의회 대회의실
1490년대 후반

조각

〈헤라클레스와 카쿠스〉
1512년

〈다비드〉
1501~1504년

회화

〈사보나롤라의 화형〉
1498년

예술가·학자

피코 델라 미란돌라
1463~1494년

마키아벨리
1469~1567년

일곱째 날

피렌체 르네상스의 황혼기
(1498~1534)

루터의 종교개혁
1517년

교황 클레멘스 7세 사망
1534년

◄ (신) 성구실 신축, 산 로렌초 교회
1521~1533년

◄ 〈네무르 공작
(줄리아노 데 메디치)의 영묘〉
1520~1534년

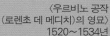

▶ 〈우르비노 공작
(로렌초 데 메디치)의 영묘〉
1520~1534년

〈피렌체에 입성하는
레오10세의 개선 행렬〉
1546년

◄ 미켈란젤로
1475~1564년

◄ 바치오 반디넬리
1488~1560년

스무 살의 어린 나이에 메디치 가문의 수장 자리에 올라 피렌체의 모든 권력을 주무른 '위대한' 로렌초도 가족의 고질병인 통풍으로 세상을 뜨고 만다(1492년). 그의 나이 겨우 마흔셋이었다. 그는 자신의 권좌를 장남에게 물려주려 했지만 선뜻 내키지 않았다. 세 명의 아들이 있었는데, 첫째는 바보이고, 둘째는 똑똑하지만 사치스럽고, 막내는 착하기만 했기 때문이다.[2] 로렌초는 하는 수 없이 스물한 살의 장남 피에로Piero di Lorenzo de' Medici, 1471~1503에게 메디치 가문의 수장 자리와 피렌체 정부의 실질적인 권력을 물려주었다. 자신도 스무 살에 권력을 물려받았으니, 괜찮으려니 하고 눈을 감았다. 측근들에게 당부도 해두었다.

　하지만 이 잘못된 대물림이 메디치 가문과 피렌체, 그리고 이탈리아 반도 전체를 궁지로 몰아넣게 된다. 아버지의 권좌를 이어받은 피에로는 운동만 좋아하는, 성격도 급하고 정치적·사업적 능력을 전혀 갖추지 못한 인물이었기 때문이다. 이 인물이 바로 후대 역사가들에 의해

아뇰로 브론치노, 〈피에로 데
메디치의 초상〉, 1560년, 우
피치 미술관.

프라 바르톨로메오(Fra Bar
tolomeo), 〈지롤라모 사보나
롤라의 초상〉, 1498년, 산 마
르코 수도원 박물관.

'불행한' 피에로Piero 'il Sfortunato'라 불리는 젊은이다.

이 '불행한' 피에로의 잘못된 판단으로 메디치 가문은 추방당하고, 다시 귀환했다 추방당하기를 반복하게 된다. 메디치 가문이 피렌체의 실질적인 주인 역할을 한 지 꼭 60년 만의 일이다(1494년). 이 시기는 피렌체가 경제적 동력을 상실하면서 서유럽에서의 위상이 급속하게 낮아지는 쇠퇴기로, '피렌체 르네상스의 황혼기(1494~1534년)'에 해당한다. 이 시기에 "국가는 성직자의 기도만으로 통치될 수 있다"고 굳게 믿고 피렌체에 신정정치神政治를 펴려던 독불장군 수도사 지롤라모 사보나롤라Girolamo Savonarola가 피렌체를 잠시 지배하지만, 교황의 단죄로 화형을 당하고 만다.

사보나롤라가 처형된 지 닷새 만에 스물아홉 살의 젊은이 마키아벨리Niccolò Machiavelli, 1469~1527가 피렌체 정부의 전쟁 관련 부서(Dieci di Libertà e Pace)를 책임지게 된다. 젊은 마키아벨리의 꿈은 고대 로마 공화정 제도를 부활시켜 피렌체를 강력한 국가로 만드는 것이었다. 이에 메디치 가를 추방하고 권력을 시민의 품으로 돌려주는 시민 공화정의 시대가 펼쳐지게 된다(1498~1512년).³ 피렌체의 중심은 메디치 광장에서 시뇨리아 광장으로 다시 옮겨오게 된다. 그 유명한 미켈란젤로의 걸작 〈다비드〉 조각상이 시청사 광장에 전시되는 것도 이러한 시대적 배경이 작용한 것이었다.

하지만 시민 공화정도 잠시, '위대한' 로렌초의 둘째 아들 조반니Giovanni di Lorenzo de' Medici, 1475~1521가 교황 레오 10세로 선출되자, 빈털터리였던 메디치 가문의 후손들이 다시 피렌체의 주인이 된다. 피렌체 자치정부가 설립된 1293년 이후 320년 동안 한 번도 포기하지 않

미켈란젤로, (신) 성구실 전경, 1520~1534년, 산 로렌초 교회. 오른쪽에 보이는 낮은 돔 건물이 미켈란젤로가 지은 (신) 성구실 건물이고, 그 뒤에 높게 보이는 돔 건물이 코시모 대공들의 영묘가 있는 예배당이다.

왔던 공화정 체제가 한 사람의 총독이 다스리는 군주국가로 전락하고 만다(1512~1534년). 총독은 메디치 가 후손들이 돌아가면서 맡았는데 서투른 국가 운영으로 메디치 가는 피렌체에서 다시 추방당한다(1534년). 교황의 비호로 세속권력의 지배자가 된 역대 군주들은 교황이 사망하면 늘 그 권력을 잃었는데, 메디치 가 후손들은 그 역사를 몰랐던 것일까? 메디치 가의 돈과 욕망, 한 시기의 애국심으로 피렌체에서 유독 이르게 열릴 수 있었던 새로운 시대, 즉 피렌체의 르네상스는 미숙한 후손들에 의해 스스로 문을 닫고 만다.

메디치 가의 추방(1494) → 사보나롤라의 신정정치(1494~1498) → 마키
아벨리의 공화정(1498~1512) → 메디치 가의 군주정(1512~1534)

피렌체가 경제적 기반을 상실한 르네상스의 황혼기에는 비용이 많
이 소요되는 공공건물이나 교회가 더이상 세워지지 않고, 단지 피렌체
의 자긍심을 드러내주는 회화와 조각품 몇 점이 제작될 뿐이다. 이 시
기에 인류 역사상 가장 위대한 조각가로 추앙받는 미켈란젤로만이 피
렌체에서 왕성한 작품 활동을 한다. 이 조각가가 피렌체에 남겨놓은
작품은 미완성 작품까지 포함해서 40여 점이 넘는다.

⟨David⟩ & ⟨Heracles and Cacus⟩

미켈란젤로의 ⟨다비드⟩와
반디넬리의 ⟨헤라클레스와 카쿠스⟩

메디치 가와 마키아벨리의 상반된 정치적 이상향

최근 러시아의 한 도시에서 "어떻게 바지도 입지 않은 사람을 학교와 교회 옆에 둘 수 있냐"며 미켈란젤로의 ⟨다비드⟩ 조각상에 바지를 입힐 것을 문제화한 적이 있다.[4] 이 조각상이 대중에게 공개된 1504년 이래로 이 작품은 아직까지도 예술과 외설 사이에서 논란의 대상이 되고 있다. 르네상스 시대에도 어머니들은 결혼을 앞둔 딸의 손을 꼭 잡고 나체인 ⟨다비드⟩와 ⟨헤라클레스와 카쿠스⟩가 있는 피렌체 시청사 광장으로 나들이를 다녀왔다고 한다. 시청사 광장은 남자의 벗은 몸을 볼 기회가 흔하지 않았던 당시에 훌륭한 성교육 장소였던 모양이다. 르네상스 시대 천재 조각가로 칭송받던 미켈란젤로의 ⟨다비드⟩와 미켈란젤로가 가장 싫어했던 후배 바치오 반디넬리Baccio Bandinelli, 1488~1560의 ⟨헤라클레스와 카쿠스⟩는 피렌체 시청사 정문 입구에 사이좋게 나란히 서 있다. 겉으로는 사이좋게 있지만, 이 조각상들만큼 1500년대 초반의 격변하는 피렌체의 정치적 상황을 잘 보여주는 작품

시청사 현관에 전시된 〈다비드〉와 〈헤라클라스와 카쿠스〉.

을 찾아보기 쉽지 않다.

〈다비드〉 조각상을 콜링 카드로 활용하려 한 미켈란젤로

오래전부터 피렌체 두오모 성당에는 품질이 좋지 않아 여러 조각가들이 몇 차례 조각을 하려다 실패해 방치된 커다란 대리석 덩어리가 있었다.[5] 두오모 성당 건물관리위원회는 마침 가족들 문제로 피렌체에 머무르고 있던 미켈란젤로에게 〈거인〉이란 조각상을 주문했다(1501년 8월 16일). 이 〈거인〉이 바로 우리가 알고 있는 〈다비드〉 조각상이다. 봉급으로 매달 6플로린을 지급하고 필요한 조수들과 자재는 성당측에서 지급한다는 내용도 계약서에 포함되어 있었다. 작품이 완

미켈란젤로, 〈다비드〉, 1501~1504년, 피렌체 아카데미 미술관.

성되고 나서 미켈란젤로는 총 400플로린을 받았다.[6] 약 30개월에 걸친 작업이었으니, 많은 액수는 아닌 듯싶다. 대리석 일부가 금이 가는 바람에 쓸모가 없던 대리석으로 만든 작품이어서 그런지 조각상이 완성되자마자 논란이 일었다. 당시 피렌체 정부의 행정 수반 피에로 소데리니Piero Soderini는 코가 너무 크다고 불만을 표시했고, 다른 비평가들은 오른손이 너무 크고, 목이 너무 길어 비율이 맞지 않는다는 둥, 비판을 쏟아냈다.

하지만 이 작품을 주문할 때는 두오모 성당 외벽에 2미터 높이의 기단을 설치하고 그 위에 조각상을 고정시킬 계획이었다. 이렇게 〈다비드〉 조각상은 아래에서 위로 올려다보게끔 제작된 조각상이었기 때문에, 미켈란젤로는 목을 길게 하고 코를 크게 조각해놓았다. 가까이서 보면 이 조각상 비율이 맞지 않는 것처럼 보이지만, 15미터 정도 떨어져 위로 올려다보면, 조각상의 신체 균형은 완벽하다.

목동 다비드는 이스라엘을 침공한 거인 골리앗을 돌팔매로 물리쳐, 조국 이스라엘을 구한 영웅이며, 미래의 구원자가 수난을 당할 것이라는 사실을 예언한 선지자이기도 하다. 당시 피렌체 두오모 성당은 지상의 천국 이스라엘을 재현해놓은 신성한 장소로 여겼기 때문에 주제로도 안성맞춤이었다. 그런데 어찌된 일인지 애초의 계획대로 성당 외벽이 아니라, 정치적 이슈가 있을 때마다 시민들이 모이는 피렌체 시청사 광장에 설치되게 된다. 피렌체 정부는 이 조각상을 어디에 놓을지를 두고 예술가, 덕망이 높은 시민, 그리고 정부 관리 등 총 32명을 초청해 자문을 구하는 회의를 열었다(1504년 1월 25일). 참석자들의 의견은 분분했다.[7] 신성함과 용맹함 중 무엇을 더 중시할 것인가의 문제였다. 쉽게 결론이 나지 않자, 사람들은 미켈란젤로의 의견을 물어보기로 했다. 미켈란젤로는 외국의 귀족으로부터 주문을 받을 목적으로 외국의 사신들이 드나들 때마다 잘 보이는 시청사 정문 입구에 놓길 원했다. 그는 〈다비드〉를 주문을 받기 위한 콜링 카드Calling Card로 활용할 생각이었던 것 같다. 이렇게 〈다비드〉 조각상 하나를 놓고 의견이 제각각 달랐다.

〈다비드〉, 공화정 정부의 상징물로 승격하다

피렌체 정부는 최종적으로 미켈란젤로의 〈다비드〉를 시청사 광장에 설치하기로 결정했다. 기록에 의하면 5미터가 넘는 거인을 두오모 광장에서 시청사 광장으로 옮기기 위해 길을 넓히고 벽도 부수는 등, 설치 기간만 무려 25일이 소요되었다고 한다. 왜 피렌체 정부는 시간과 돈을 들여가면서까지 이 조각상 한 점을 시청사 광장에 전시하려 한 것일까? 단순히 미켈란젤로의 뜻을 존중해 그리 결정한 것은 아닌 듯싶다. 이 시기만 해도 미켈란젤로의 나이 겨우 스물아홉이었고, 로마에서 완성한 〈피에타〉 조각상도 그리 호평을 받지 못했던 시절이기 때문이다.

이 작품이 완성되던 1504년, 피렌체 정부는 내외적으로 매우 곤혹스러운 상황이었다. 메디치 가문의 60년 독재가 끝나고 어설프게나마 시민 공화정 시대를 맞이했지만, 공채 이자를 지급하지 못할 정도로 재정이 어려웠다. 설상가상으로 피렌체에서 생산되는 양모 제품을 수출하는 유일한 항구였던 피사의 시민들이 피렌체에 반기를 들었다. 피렌체가 이렇게 사면초가에 처하자 시민들도 불안해했다. 메디치 가문을 추방하고 어렵게 탄생한 피렌체 공화정부는 시민들의 지지를 이끌어내고 공화정부의 정당성을 찾을 상징물이 절실히 필요했다. 미켈란젤로의 〈다비드〉는 그 정치적 상징물로 안성맞춤이었다. 다비드는 평범한 양치기였지만 애국심과 신의 도움으로 이스라엘을 침공한 골리앗을 물리쳐 조국을 구한 영웅으로 잘 알려져 있었기 때문이다. 풍전등화의 위기에 처해 있던 피렌체 공화정 정부는 〈다비드〉를 시민들이 잘 볼 수 있는 시청사 광장에 전시해 피렌체 시민들이 거인 골리앗을 물

미켈란젤로, 〈피에타〉, 1498~1499년, 성 베드로 대성당, 로마.

리치고 조국을 지켜낸 영웅 다비드를 통해 애국심을 고취시킬 수 있기를 바랐다. 시민들이 그리해주면 피렌체 정부는 신의 축복으로 무사하리란 기대도 했다.[8]

피렌체를 새로운 로마로 부활시키려는 마키아벨리

그런데 왜 하필 시청사 광장이었을까? 피렌체가 처한 위기를 극복하기 위해 마키아벨리는 강대국이었던 로마 공화정의 부활, 즉 '새로운 로마'를 계획하고 있었다. '새로운 로마' 정책의 한 방편으로 마키아벨리는 피렌체 시청사 앞 광장을 고대 로마 공화정 시대에 신전들을 세

피렌체 정부 제2서기국 집무실에 전시된 마키아벨리의 흉상, 팔라초 베키오 2층.

TANTO. NOMINI. NVLLVM. PAR. ELOGIVM
NICOLAVS. MACHIAVELLI
OBIT. AN. A. P. V. CIƆIƆXXVII.

스피나치(Innocenzo Spinazzi), 〈마키아벨리의 영묘〉, 1787년, 산타 크로체 수도원 성당. 영묘에 "어떤 훌륭한 찬양의 말도 이 위대한 이름에는 걸맞지 않다(Tanto nomoni nullum par elogium)"고 새겨져 있다.

위 국가가 위기에 처할 때 안녕을 기원하고 전쟁에서 승리했을 때 감사를 드리던 카피톨리노 언덕Mons Capitolino처럼 만들고자 했다.[9] 그래서 도나텔로의 〈유디트와 홀로페르네스〉 조각상을 시청사 건물 내부로 이전하고, 그 자리에 미켈란젤로의 〈다비드〉 조각상을 세웠다. 이런 과정을 거쳐 다비드가 위기에 처한 공화정을 부활시키는 영웅으로 다시 태어나게 된다.

세월이 지나면서 대리석이 물러 풍화되고 있던 〈다비드〉 조각상은 보존을 위해 피렌체 아카데미 미술관Galleria dell'Accademia 내부로 이전되었고(1873년), 현재 시청사 광장에는 복제품을 전시해놓았다. 이제 〈다비드〉 조각상이 보존되어 있는 아카데미 미술관은 피렌체를 방문하는 관광객의 필수 코스가 되었다. 시대가 변하면서 〈다비드〉는 '구원자의 수난을 예견했던 선지자'에서 '위기에 처한 피렌체를 구해줄 영웅'으로, 다시 '관광객의 사랑을 받는 조각상'으로 그 역할이 거듭났다. 참으로 묘한 운명을 타고 났다.

메디치 가 권력의 상징물로 재탄생하는 〈헤라클레스와 카쿠스〉

〈다비드〉 상을 광장에 전시해 위태위태하던 공화정의 불씨를 살려보려던 마키아벨리의 꿈은 군대를 앞세우고 피렌체를 침공한 '위대한' 로렌초의 둘째 아들 조반니 때문에 산산이 부서진다(1512년). 1년이 지나 조반니가 교황으로 선출되자, 피렌체 시민들은 피렌체 출신 교황이 선출되었다는 기쁨에 메디치 가에 대한 과거의 나쁜 기억들을 까맣게 잊고 "메디치 가문 만세(Vivano le Palle)"라고 환호했다.[10] 이렇게 메디치 가는 다시 피렌체의 주인이 될 수 있었다. '위대한' 로렌초 시대에는 부와 카리스마로 피렌체를 지배했지만, 이제 교황의 권력으로 지배하게 됐다는 점이 다를 뿐이었다.

권력층이 바뀌면 작품의 주제도 바뀌기 마련이다. 권력층은 회화보다는 비싼 조각 작품의 주제 선정에 민감했다. 앞서 공화정 정부가 〈다비드〉를 내세워 공화정 정부의 상징물로 삼았듯이, 메디치 측근들도 자기 권력의 정당성을 성경 이야기가 아닌 고대 신화에서 찾으려 했다. 로마제국 황제들의 용맹스러운 권력을 상징하는 헤라클레스가 안성맞춤이었다. 신화에 의하면 소떼를 몰래 훔친 괴물 카쿠스Cacus는 성격이 포악하여 아무도 당할 자가 없었다. 이 괴물은 헤라클레스에게 도전하는 교만을 부리다, 결국 헤라클레스가 내려친 곤봉에 죽고 만다.[11]

메디치 가를 칭송하는 〈헤라클레스와 카쿠스〉 조각상은 미켈란젤로가 아니라 바치오 반디넬리가 맡았다. 메디치 가가 미켈란젤로를 그들에 반대하는 공화정주의자로 여겼기 때문이었다. 권력을 장악한 메디치 가문은 이렇게 시민 공화정의 잔재를 지워나가기 시작했다. 먼저 공화정부를 상징하던 〈다비드〉 조각상 맞은편에 메디치 가문의 위용을 드러내는 〈헤라클레스와 카쿠스〉 조각상을 설치했다. 그리고 이 조각상 기단에 "(피렌체에) 평화를 가져온 가문(FVNDATOR QVIETS)"이라 칭송하는 글귀를 새겨넣었다.[12]

당연히 헤라클레스는 피렌체에 평화를 가져온 메디치 가문을, 카쿠스는 메디치 가문을 추방시킨 공화주의자들을 상징한다. 〈헤라클레스와 카쿠스〉를 보면 헤라클레스의 손에 곤봉이 들려 있고, 죽임을 당한

바치오 반디넬리, 〈헤라클레스
와 카쿠스〉, 1525~1534년, 시
청사 광장.

카쿠스는 헤라클레스의 발밑에 깔려 있다. 한편 메디치 가를 옹호하는
학자들은 헤라클레스가 카쿠스를 곤봉으로 내려치는 장면이 아니라,
곤봉으로 위협하는 장면을 재현한 것이라 주장한다. 이 구성이 어느
누구도 다치지 않게 피렌체를 다시 점령한 메디치 가의 '관용'을 보여
주는 상징물이라고 해석하는 것이다.[13] 최종 판단은 감상자의 몫이다.

카피톨리노 언덕에서 다시 메디치 광장으로

'새로운 로마'의 상징적 장소였던 시청사 앞 광장은 로마의 카피톨리노 언덕에서 메디치 광장으로 그 모습이 바뀌어간다. 이 광장은 당분간 철부지 메디치 가문 후손들이 권력을 펼치는 장소가 된다. 오늘날 이 광장에서 메디치 가문의 위용을 드러내는 〈넵투누스의 분수대〉〈코시모 대공의 기마상〉과 같은 작품을 감상할 수 있는 것도 모두 그 후손들의 정치적 욕망 덕택이다. 이렇게 1500년대 초반의 르네상스 시대 예술작품은 예술가의 천재성에 의해서만 의미가 부여되는 것이 아니고, 주문자의 욕망에 의해서 창조되기도 한다.

산 로렌초 교회 (신) 성구실의
메디치 가문 영묘 조각상

철학을 조각으로 승화시킨 미켈란젤로

"미켈란젤로, 드디어 내가 주문한 예배당 건축을 끝냈구려! 어떻게 지어졌는지 보고 싶네, 최소한 상상만이라도 할 수 있도록 해주게." 사생아로 자라 메디치 가문에서 두번째로 교황의 자리에 오른 클레멘스 7세(재위 기간 1523~1534년)가 선조들의 시신을 안장할 예배당을 보고 싶어 미켈란젤로에게 스케치라도 보내달라고 보낸 편지이다.[14] 교황은 '불행한' 피에로의 어처구니없는 실수로 메디치 가문이 급작스럽게 추방당하는 바람에 산 로렌초 교회에 임시로 모셔진 '위대한' 로렌초와 자신의 아버지 시신을 이 예배당에 이장할 생각이었다. 이어 피렌체를 다스리던 형과 조카가 예기치 못하게 사망하면서, 이들의 시신도 함께 안장하기로 결정했다(1519년). 비용 문제로 원래의 계획은 여러 번 수정되어 미켈란젤로가 "교황님, 나는 당신의 종이 아닙니다!"라고 불평할 정도로 미켈란젤로와 메디치 가문 교황은 한때 불편한 관계였다.[15] 우여곡절 끝에 미켈란젤로는 이 예배당을 신축하고, 메디치 가문

미켈란젤로, (신) 성구실 내부 전경, 1520~1534년, 산 로렌초 교회.

선조들의 영묘 조각상으로 장식하면서, 오늘날 '(신) 성구실'이라 불리는 자그마한 예배당과 조각상들이 탄생하게 된다. 미켈란젤로 작품 중세 가지 걸작을 들라면, 모든 미술가들이 회화에서는 시스티나 성당의 벽화와 천장화, 건축에서는 성 베드로 대성당의 돔, 그리고 조각으로는 산 로렌초 교회의 (신) 성구실을 장식한 조각을 주저 없이 꼽는다.

신플라톤주의 사상을 새긴 영묘

미켈란젤로는 이 예배당을 장식하면서, 입상으로 제작된 영묘 바로 아래 나체의 여자와 근육질 남자의 형상을 조각해놓았다. 후대 사가들은 나체 조각상에 '밤과 낮, 그리고 황혼과 새벽'이란 이름을 붙이고, 시간과 인생의 덧없음을 상징한다고 해석했다. 그런데 나신의 여자와 남자 조각상 네 점 중에서 '밤'을 상징한다는 여자의 나체 조각상만 완성된 작품이고, 나머지는 미완성 작품이다. 햇빛을 받으면 반짝이는 이 여자 조각상에는 올빼미와 석류가 새겨져 있는데, 올빼미는 죽음에 이어 다가올 영혼의 부활과 불멸을, 그리고 석류는 영생에 대한 희망을 상징한다고 한다. 그리고 미켈란젤로는 쥐 한 마리를 보일 듯 말 듯 하게 새겨놓았는데, 쥐는 모든 것을 갉아 없애는 동물로 "세월이 가면 현세의 모든 것이 사라진다(Il tempo che consuma il tutto)"는 의미를 전달하고 있다.[16]

이 작품이 제작되던 시기에, 신플라톤주의 사상이 피렌체에 유행처럼 번졌는데, 이 사상에 경도된 당시 지식인들은 현세의 삶은 일시적이며 덧없는 것이고, 인간은 지성을 지닌 존재이기 때문에, 영혼은 죽

미켈란젤로, 〈밤〉, 1520~
1534년, (신) 성구실, 산
로렌초 교회.

음을 통해서 다시 부활하고 영원할 수 있다고 믿었다. 미켈란젤로는
이런 신플라톤주의 신봉자이기도 했다. 올빼미, 석류, 쥐가 새겨진 나
신의 여자 조각상은 미켈란젤로가 '탄생→소멸→부활'이라는 3단계
순환론적인 신플라톤주의 사상을 형상화한 대표적인 작품이다. 미켈
란젤로는 망자들의 영묘 앞에 새겨진 나신의 조각상을 통해서 신의 구
원으로 영생할 수 있다는 희망의 메시지를 망자와 후손 들에게 들려주
고자 한 것이다. 이렇게 (신) 성구실 조각상에는 신플라톤주의 사상을
형상화시킨 미켈란젤로만의 천재적 표현력이 숨어 있다.

또 이 작품에는 한때 부유한 상인 가문으로 피렌체 시민들의 존경을 받아 피렌체를 장악해온 메디치 가문이 교황의 속국으로 전락한 피렌체를 다스리던 영욕의 역사가 고스란히 남아 있다(1512~1534년). 메디치 가문의 영욕의 모습을 상상하기 위해서 우선 (신) 성구실 벽면을 장식한 영묘의 주인부터 밝혀내야 한다.

신 성구실 내부로 들어서면, 양쪽 벽면에 누군지 알아볼 수 없는 장군 형상의 두 대리석 입상이 있고 제대 맞은편에 직사각형의 대리석 석관이 놓여 있는데, 도대체 누구의 영묘인지 알 수가 없다. 석관 위에 메디치 가문의 수호성인인 성 코시모San Cosimo와 성 다미아노San Damiano의 조각상이 놓여 있는 걸로 봐서, 겨우 메디치 가문의 영묘라고 눈치챌 정도다. 이러한 익명의 영묘를 본 미켈란젤로의 친구가 "왜 조각상의 얼굴만으로 누구를 기리는 영묘인지 알 수가 없도록 조각해놓았는가?"라고 물었을 때, 미켈란젤로는 "천년의 세월이 지난 후에, 누가 그들의 진짜 모습인지 아닌지 신경이나 쓰겠나?"라고 반문했다고 한다.[17] 미켈란젤로의 제자라고 자칭하던 후배 예술가 바사리G. Vasari 가 예술작품의 불멸성을 강조하려고 지어낸 말일 것이다.

교황의 펜과 잉크만으로 부활한 메디치 가 후손들

미켈란젤로가 메디치 가문의 영묘를 조각하면서 특정인의 영묘라는 표식을 명확히 남기지 않은 이유가 있지 않았을까? 까다로운 교황의 영묘(교황 율리우스 2세)까지 제작한 경험이 있었던 미켈란젤로다.

미켈란젤로가 메디치 가문으로부터 이 작품을 주문받을 당시 메디치 가문은 추방당해 있다가 '위대한' 로렌초의 둘째 아들이 교황(레오 10세)으로 선출된 덕택에 피렌체로 다시 복귀할 수 있었다(1512년). 추방당한 지 꼭 18년 만이다. 피렌체 시민들은 교황의 후원으로 다른 국가들이 피렌체 영토를 침범하지 못할 것이라 여겼다.

하지만 곤혹스러운 것은 메디치 은행이 파산해 빈털터리였다는 점이다. 메디치 가문은 하는 수 없이 교황의 권력을 이용해 생존하려 했다. 당시 메디치 가의 생존 방식은 이전의 탐욕스럽던 교황들과 다를 바가 없었다. 먼저 '위대한' 로렌초의 둘째 아들로 교황이 된 레오 10세는 자신의 동생, 조카, 그리고 사생아 등 다섯 명에게 추기경 모자를 씌워주었다. 그리고 교황의 동생인 줄리아노Giuliano di Lorenzo de'Medici, 1479~1516에게 교황의 영토인 네무르 지역을 다스리는 공작의 작위를, 그리고 야반도주한 '불행한' 피에로의 아들 로렌초 2세Lorenzo di Piero de' Medici, 1492~1519에게는 교황의 영토인 우르비노 지역을 다스리는 공작의 작위를 주었다.[18] 그리고 교황은 이들 젊은 공작들에게 피렌체를 다스리는 권력까지 넘겨주었다. 메디치 가문은 지난 60년 동안 피렌체의 실질적인 권력을 장악했었지만 그들은 귀족이 아니라 평범한 시민 중에 으뜸일 뿐이었다. 그러나 이제 메디치 가문 출신 교황이 자신의 조카들에게 공작의 지위를 내려줌으로써 메디치 가문은 귀족의 반열에 오를 수 있었다.

메디치 가에 대한 피렌체 시민들의 반격

이탈리아에서 처음으로 고대 로마 공화정부를 본떴던 피렌체 공화

메디치 가문 가계도

아베라르도 데토 비치
Averardo detto Bicci,
1320~1363

조반니 디 비치
Giovanni di Bicci,
1360~1429

코시모 데 메디치
Cosimo de' Medici,
1389~1464

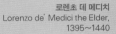
로렌초 데 메디치
Lorenzo de' Medici the Elder,
1395~1440

피에로 데 메디치
Piero de' Medici,
1416~1469

피에르프란체스코 데 메디치
Pierfrancesco de' Medici
the Elder,
1430~1476

'위대한' 로렌초
Lorenzo de' Medici,
'il Magnifico', 1449~1492

줄리아노 데 메디치
Giuliano de' Medici,
1453~1478

로렌초 데
Pierfrancesco
de' Medici,
1463~1503

조반니 일 포폴라
Giovanni de' Me
Popolano'
1467~149

'불행한' 피에로
Piero di Lorenzo de'
Medici,
1472~1503

조반니 데 메디치
(교황 레오 10세)
Giovanni di Lorenzo
de' Medici,
Pope Leo X,
1475~1521

줄리아노 데 메디치
(네무르 공작)
Giuliano de' Medici,
(Duke of Nemur)
1479~1516

루크레치아 살비아티
Lucrezia Salviati,
1470~1553

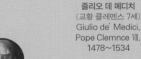
줄리오 데 메디치
(교황 클레멘스 7세)
Giulio de' Medici,
Pope Clemnce VII,
1478~1534

로렌초 데 메디치
(우르비노 공작)
Lorenzo di Piero
de' Medici,
Duke of Urbino,
1492~1519

이폴리토 데 메디치
Ippolito de' Medici,
1511~1535

마리아 살비아티
Maria Salviati,
1499~1543

조반니 델레 반데
Giovanni de
Bande Ner
1467~149

코시모 1세
(토스카나 대공)
Cosimo I de' Medici,
Grand Duke of Tuscany,
1519~1574

알렉산드로 데 메디치
(피렌체 공작)
Alessandro de' Medici,
Duke of Firenze,
1511~ 1537

카트린 드 메디치
(프랑스 앙리 2세의 왕비)
Catherine de' Medici,
1492~1519

정부가 이제는 군주의 국가로 후퇴한 형국이 되었다. 자유를 맛본 피렌체 민심은 당연히 메디치 가문에 우호적이지 않았다. 교황의 펜과 잉크, 양피지로 이루어진 메디치 권력은 교황이 사망하면 같이 소멸할 일시적 허상으로 보였기 때문이었다. 시민들이 메디치 가문에게 반감을 드러낸 결정적인 사건 하나가 있었다. 메디치 가 출신으로 사생아였던 추기경(훗날의 교황 클레멘스 7세)이 피렌체를 다스리던 때였다(1519~1523년). 메디치 가문의 반대파들은 성체축일에 두오모 성당에서 미사를 집전하는 이 추기경을 살해할 치밀한 계획을 세웠다(1519년 6월 19일). 그런데 하필 그날 번개가 치고 폭풍우가 몰아쳐 미사가 연기되는 바람에 추기경은 무사할 수 있었다(이 추기경이 (신) 성구실을 주문한 장본인이다). 추기경을 암살하려는 반反 메디치 파에 마키아벨리도 이름을 올렸다.[19]

미켈란젤로가 메디치 가문의 영묘를 제작하던 시기는 메디치 가문이 다시 피렌체의 주인이 되었지만, 한편으로는 공화정을 염원하는 시민들의 열기가 수그러들지 않는 시점이다. 마키아벨리가 활약하던 공화정 시대에 예술가들은 특정 가문을 드러내는 것을 경계하고 피렌체 공동체 전체의 이상을 드러내는 표현을 미덕으로 여겼다. 미켈란젤로의 〈다비드〉 조각상이 대표적인 사례이다. 이렇게 당시 피렌체는 가문의 위상을 드러내려는 메디치 가문과 이를 못마땅하게 여긴 시민들이 부딪히고 있는 분위기였다.

미켈란젤로는 상인에서 귀족 신분으로 격상된 메디치 가문의 위상과 특정 개인의 우상화를 자제하는 상반된 분위기를 작품에 그대로 반영해야만 했다. 중세부터 귀족 가문은 영묘를 제작할 때 얼굴의 형상이 드러나는 조각상으로 자신을 드러낼 수 있었지만, 아무리 부자라 해도 상인들은 얼굴 형상의 조각상을 영묘로 제작할 수 없었다. 그래서 '국부'로 추앙받던 코시모도 조각상이 없이 바닥에 '국부'라고 새긴 평판으로 영묘를 대신했던 것이다.[20] 하지만 교황 영토의 군주가 된 메디치 후손들은 귀족 가문처럼 얼굴 형상을 묘사한 거대한 조각상 영묘를 제작할 수 있었다.

미켈란젤로는 특정 개인을 드러내는 것을 꺼리는 공화정 체제의 전통을 따라 영묘에 조각된 얼굴만으로 영묘의 주인을 판별하기 어려운 형상으로 제작할 수밖에 없었다. 그러나 미켈란젤로가 누구인가? 주문자의 의도를 고려해서 영묘의 주인을 알아볼 수 있는 표식을 남겨두었다. 우리나라에서 망자의 비석에 생전에 받은 직위 중 최상의 직위를 새기듯이, 당시 서양에서도 영묘를 제작할 때, 망자의 최상의 직책을 조각해놓았다. 이제 영묘의 주인을 한 사람 한 사람 찾아보기로 하자.

먼저 장군 복장을 하고, 모자를 쓰지 않은 형상으로 조각된 영묘의 주인은 교황의 동생인 네무르 공작이다. 교황은 이 동생에게 교황청의 군대 사령관이란 직책을 부여했다. 네무르 공작이 사망하자 교황의 이름으로 교황군 사령관의 예우를 갖춘 장례식까지 치렀다.[21] 미켈란젤로는 공식적으로 군대 사령관을 지낸 인물임을 상징하기 위해 살며시 장군의 손에 지휘관을 상징하는 봉을 쥐어주었다.[22]

동생 네무르 공작이 갑작스럽게 사망하자, 교황은 피렌체 권력을 자신의 조카인 우르비노 공작에게 넘겨주었다. 그런데 이 젊은 공작은 자신의 욕망을 채우려고 피렌체 국고를 마음대로 축내는 철부지였다.[23] 교황이 견제를 했지만, 교황의 승낙도 없이 피렌체 군 사령관이

(왼쪽) 미켈란젤로, 〈네무르 공작(줄리아노 데 메디치)의 영묘〉, 1520~1534년, (신) 성구실, 산 로렌초 교회.

(오른쪽) 미켈란젤로, 〈우르비노 공작(로렌초 데 메디치)의 영묘〉, 1520~1534년, (신) 성구실, 산 로렌초 교회.

란 직책에 올랐다. 피렌체 시민은 당시 이 철부지를 지휘관으로 인정하지도 않았다. 그래서 미켈란젤로는 스스로 피렌체 시민군 사령관이 된 철부지의 영묘에는 장군 모자만 씌워놓고 지휘관을 상징하는 봉은 살짝 빼놓았다. 미켈란젤로는 이렇게 상징물만으로 영묘의 주인을 드러내는 조심스러운 작업을 해야만 했다.

르네상스 시대의 종언을 고하는 슬픈 역사가 새겨진 메디치 가 영묘

메디치 가문이 피렌체에서 급작스럽게 추방당하는 바람에, 메디치 가 자손들은 '위대한' 로렌초의 영묘조차 마련하지 못했다. 한때 '조국의 수호자'로 칭송받던 '위대한' 로렌초가 사후에는 이렇게 천대받을 줄이야! 교황 권력으로 피렌체로 귀환한 메디치 가 후손들은 '위대한' 로렌초의 시신을 이곳 (신) 성구실에 안장했다. 장군 형상을 한 후손들의 영묘보다 '위대한' 로렌초의 영묘를 더 크고 화려하게 제작했을 법한데, 어디를 둘러봐도 '위대한' 로렌초의 영묘를 찾기가 쉽지 않다. '위대한' 로렌초의 시신은 사제들이 미사를 행하는 제대의 맞은편 벽면에 위치한 직사각형 대리석 석관에 안치되어 있다. 후손들은 교황의 권력으로 장군이 되고 귀족으로 신분이 상승되었기 때문에, 전통에 따라 얼굴이 조각된 영묘가 제작될 수 있었지만, 로렌초는 아무리 '위대한' 로렌초라도 평민이었기 때문에 얼굴이 조각된 영묘를 가질 수 없었던 것이다. 우리나라의 경우도 그렇지만, 당시 서양에서도 이와 같이 무덤을 치장하는 엄격한 규칙이 있었다. 석관에 이름이라도 새겨놓을 법하지만, 미켈란젤로는 두 벽면에 장군의 형상을 한 영묘의 주인공

미켈란젤로, 〈'위대한' 로렌초의 영묘〉, 1520~1534년, (신) 성구실, 산 로렌초 교회 지하.

들이 '위대한' 로렌초의 시신이 안장된 석관을 바라보는 구도로 조각해 놓음으로써 이 석관의 주인이 '위대한' 로렌초라는 점을 암묵적으로 표 시해놓는다. 현재 이 석관에 금장으로 새긴 'Lorenzo il Magnifico'라 는 문구는 후대에 새긴 것이다.

피렌체 시민들로부터 친親 메디치 예술가로 오인을 받아 생명의 위 협을 느낀 미켈란젤로는 교황 클레멘스 7세가 사망하기 직전에 시스 티나 성당 벽면을 장식할 〈최후의 심판〉을 주문하자 "다시는 피렌체로 돌아오지 않겠다"며 로마로 황급히 떠났다. 그래서 (신) 성구실을 장식 한 조각품들 일부는 오늘날까지 미완성으로 남았다. 천재 조각가이자 위대한 자로 칭송받던 미켈란젤로의 3대 걸작의 하나인 '(신) 성구실'

은 한 가문의 영묘이지만, 르네상스 시대의 종언을 고하는 슬픈 역사를 기록한 생생한 현장이기도 하다.

르네상스 황혼기의 모습—근대과학의 태동

피렌체에서 처음으로 꽃망울을 터트리기 시작한 르네상스 시대의 예술과 문화는 메디치 가 출신 교황(클레멘스 7세)이 사망하는 즈음에 급작스럽게 시들기 시작한다(1534년). "수명이 짧은 교황이 사망하면, 교황의 속국을 다스리는 영주도 수명을 다한다"는 시대적 교훈이 피렌체에도 예외 없이 적용된다. 그리고 피렌체가 허약해진 사실을 늦게나마 깨달은 평범한 시민들은 교회의 가르침과 권위를 부정하기 시작했다.

이 시기에 피렌체는 르네상스 예술과 문명의 자양분인 경제력을 잃어가고 있었다. 피렌체에 품질 좋은 양모를 공급해주던 영국이 자체적으로 양모를 제작하자 피렌체 주력 산업인 양모제조업이 기반을 잃어갔다. 또 교황의 권위가 추락하면서 교황청으로 흘러들어오던 십일조 헌금이 급격히 감소하게 되고, 이 때문에 교황청의 자금을 관리해주던 피렌체 은행은 하나둘씩 문을 닫기 시작했다.

국가가 허약해질수록 시민들은 복종을 쉽게 받아들이는 법이다. 피렌체 경제가 이렇게 허약해지자, 피렌체 시민들은 서유럽의 실질적인 지배자인 스페인 황제 카를 5세에게 자신들의 운명을 맡겼다(1530년). 이와 같은 결정은 메디치 가 출신 교황(클레멘스 7세)이 이탈리아 반도 전체의 운명보다 메디치 가문의 안위를 우선에 둔 가장 큰 실수를 저질렀기 때문이다. 이탈리아 국가 중에서 가장 먼저 스페인의 속국이 된 피렌체 거리에는 검은 모자, 검은 바지와 상의, 검은 신발을 신은 스페인의 유령이 돌아다니고 있었다.[24] 마치 르네상스의 화려한 영광이 모두 떠나고 자유가 죽은 것을 애도하려는 것만 같았다. 피렌체에는 르네상스 정신의 상징이었던 자유와 개인주의, 다른 문화에 대한 관용이 침묵하고, 평화의 대가로 내어준 복종과 보수주의가 그 자리를 대신했다.

한때 선과 색채, 생명, 그리고 정열을 남겼던 피렌체 예술가들은 피렌체를 등지고, 주문을 받기 위해 로마나 베네치아로 떠났다. 피렌체는 더이상 레오나르도 다빈치나 미켈란젤로 같은 천재 예술가를 위한 무대가 아니었다. 그 빈자리를 스페인 왕실의 사위로 피렌체의 새로운 주인이 된 메디치 대공Cosimo I de' Medici, 재위 기간 1537~1574의 후원을 받는 화가 바사리와 조각가 잠볼로냐Giambologna 같은 예술가들이 간간이 채울 뿐이었다. 이들은 미켈란젤로를 자신의 스승이라고 여겼지만, 이들의 작품에서 미켈란젤로와 같은 천재적 창의성이나 철학적 사상을 찾아보기는 어렵다. 단지 새로운 소묘법으로 미켈란젤로나 레오나르도 다빈치를 흉내 내는 정도였다. 후대 예술사가들이 '매너리즘' 또는 '전성기 르네상스High Renaissance'라 부르는 장르가 탄생하는 배경이다.

그리고 피렌체 고위성직자들은 인문학 서적 출판 검열을 시작하고 (1530년) 이어 금서 목록까지 제정하면서 피렌체에 남아 있던 위대한 인문학자들의 목을 조이기 시작했다.[25] 그러나 종교가 미래를 알고자 하는 인문학자들의 열망은 멈추지 못했다. 이들은 인간의 성격과 운명이 별자리에 의해 결정된다는 점성술에 빠져 하늘만 바라보고 있었다.[26] 점성술은 일정한 시간과 장소에서 행성들의 정확한 위치에 대한 세심한 관찰을 이끌어냈다. 르네상스 시대 점성술사는 행성의 결합이

나, 혜성의 출현 등 천체의 움직임을 중심으로 우주와 인간 사이의 관계를 밝히려 했다. 자연스레 이러한 천체의 움직임에 대한 세심한 관찰은 직간접적으로 근대 천문학의 태동을 이끌게 된다. 의학에도 점성술이 영향을 끼쳤는데, 점성술과 의학과의 관계를 적극 주장한 인문학자는 코시모 데 메디치 후원으로 플라톤 아카데미의 책임을 맡았던 의사 출신이자 철학자인 마르실리오 피치노였다. 사실 르네상스 시대 후기에 점성술사는 의사였고, 의사는 점성술사였다. 이러한 신비주의적 사상은 수학에도 영향을 미쳤다. 이 시대에는 점성술적인 수학과 순수 수학을 뭉뚱그려 수학mathmathica이라 불렀다. 갈릴레오 갈릴레이도 점성술과 수학 사이의 경계를 명확히 구분하지 않았고, 피사 대학교 교수로 있었던 말년에는 오히려 점성술적인 수학에 더 많은 관심을 기울였다. 이 점성술이 신의 영역이었던 우주를 서서히 과학의 영역에 넘겨주었고, 근대과학으로 가는 길을 열어주고 있었다. 이단자로 쫓기던 갈릴레오를 숨겨준 국가가 피렌체인 것은 우연이 아니다.

피렌체 르네상스 황혼기는 경제가 쇠퇴하자 정치는 중세 왕정 시대로 후퇴하고, 예술은 활력과 창의성을 잃어버린다. 하지만 메디치 가문의 수장이었던 코시모는 인간의 합리적 사고와 지성을 연구하기 위해 플라톤 아카데미를 설립했다. 플라톤 아카데미 연구소의 책임자인 마르실리오 피치노, 그의 제자 피코 델라 미란돌라Giovanni Pico della Miran-dola, 1463~1494도 점성술의 옹호론자였다(후에 입장을 바꾸지만). 또 코시모 데 메디치는 피사에 대학을 세웠을 때 점성술 학과를 신설하기도 했을 정도로 점성술에 관심을 보였다. 기독교적 교리만으로 새로운 세상을 예측하는데 부족했다고 보았기 때문이다. 이렇게 근대 과학의 길

줄리오 포지노(Giulio Foggino), 갈릴레오 갈릴레이의 영묘, 산타 크로체 수도원, 피렌체. 갈릴레오가 사망하고 100여 년이 지난 1737년, 제자 빈센초 비비아니(Vincenzo Viviani), 조반니 바티스타 넬리(Giovanni Battista Nelli) 등의 후원으로 세워졌다.

을 여는 한가운데 메디치 가문이 있었다. 비록 독재는 했지만, 이런 가문이 저지른 일부 죄는 용서할 수 있지 않을까?

야반도주하는 메디치 가 후손들

'위대한' 로렌초가 사망하고, 장남 '불행한' 피에로가 피렌체의 주인 행세를 시작한 지 6개월쯤 지난 시점이다. 젊은 프랑스의 왕 샤를 8세 Charles VIII, 1470~1498가 과거에 프랑스 속국이었으나 당시 스페인으로 다시 넘어간 나폴리를 점령하기 위해서, 5만 명이나 되는 정규군을 이끌고 이탈리아를 침공했다(1494년). 이탈리아 남부로 향하던 프랑스 군은 피렌체 정부에게 프랑스 군대가 머무를 수 있는 요새를 내주고 전쟁 비용까지 부담하라는 요구를 했다. 스물한 살의 미숙한 '불행한' 피에로는 피렌체 원로들과 협의도 없이 독자적으로 프랑스의 왕의 요새로 찾아갔다(1494년 10월 26일). '불행한' 피에로는 프랑스의 왕이 스물네 살로 자신과 동년배이니 해볼 만하다고 생각했던 모양이다.

하지만 협상 결과는 '불행한' 피에로의 완패였다. '불행한' 피에로는 프랑스 왕의 요구대로 20만 플로린이나 되는 전쟁 비용을 부담하고 피렌체의 유일한 무역 항구인 피사까지 내주었다. 사실은 협상 과정에서 프랑스 왕은 프랑스에 남은 유일한 메디치 은행인 리옹 지점을 폐쇄시키겠다는 협박을 했기에 '불행한' 피에로는 무릎을 꿇을 수밖에 없었다.

그래도 협상이 만족스럽다고 여긴 '불행한' 피에로는 시의회에 보고하기 위해서 의기양양하게 시청사에 들렀으나, 경비병들이 그의 출입을 막았다(1494년). 사태의 심각성을 알아차린 '불행한' 피에로는 자신의 저택으로 황급히 돌아가 가족들과 함께 야밤에 도주를 한다. 당시

추기경이었던 동생 조반니는 수도사복으로 위장을 하고 산 마르코 수
도원으로 피신하려 했으나, 추기경 얼굴을 알아본 수도사들이 문 앞에
서 들어서지도 못하게 했다. 산 마르코 수도원은 자신의 증조할아버지
인 코시모가 막대한 돈을 후원해 세워진 수도원이 아니던가!

피렌체 정부는 이들 형제를 생포해오면 5000플로린을 주고, 목을 들
고 오면 2000플로린에 달하는 현상금을 주겠다고까지 해놓은 상태였
다. 그리고 열흘쯤 지나 프랑스 군은 피렌체 시내로 진입했고, 메디치
저택은 프랑스 왕의 집무실로 사용되었다.[27] 이 사건을 계기로 피렌체
의 황금시대, 아니 서유럽의 찬란한 예술과 문화가 펼쳐지던 르네상스
라는 황금시대의 주인공, 메디치 가문의 60년 통치 시대가 막을 내린다.

르네상스라는 파도를 일으킨 바람

'르네상스' 하면 많은 이들이 레오나르도 다빈치나 미켈란젤로 같은 예술가들을 가장 먼저 떠올릴 정도로 르네상스 시대는 우리나라 독자들에게 익숙한 시대가 되었다. 물론 아름다움을 창조한 천재(라틴어로 genius, 자기 안에 존재하는 신神적인 정신이라는 의미이다) 예술가들을 통해 한 시대를 기억하는 것은 당연하고 자연스러운 일이다. 하지만 르네상스 시대를 예술의 영역에 국한시켜 보면, 파도는 볼 수 있을지 몰라도 파도를 일으키는 실체인 바람은 알 수가 없다. 이제 우리도 르네상스 시대를 파도가 아니라 파도를 일게 하는 바람을 통해 들여다볼 시점에 이른 것 같다.

현대인들은 왜 르네상스 시대에 끊임없이 관심을 가지는 것일까? 이 물음에 대한 답을 찾기 위해서는 먼저 르네상스 시대의 본질적인 가치는 무엇인가에 대한 앎이 선행되어야 한다. 한 문장으로 서술해내기 쉽지 않지만, 르네상스라 불렸던 시대의 진정한 가치는 인간의 영혼과 사지四肢를 교회의 종소리와 성직자의 입으로 꽁꽁 묶어놓았던 중세 천 년을 넘어서 인간이 중심이 되는 문명 시대를 향한 초석을 놓았다는 점에 있다. 이를 계기로 뉴턴 같은 과학자가 신의 영역이었던 우주를 인간의 지성으로 탐구할 수 있는 영역으로 바꾸어놓는 근대라는 시대가 열리게 된다. 약 700여 년 전 살았던 르네상스 인들은 신의 영역에서 인간의 영역으로, 하늘에서 지상으로, 신학에서 철학으로 이동하여, 결국에는 인간이 지닌 최고의 가치인 지성으로 자기완성에 이르는 지적 변환의 시대를 낳은 것이다. 이 거대한 변환에 르네상스 인들의 삶과 그들이 추구하고자 했던 시대정신이 과연 어떠한 역할을 한 것일까?

우리가 만약, 르네상스 인들이 이룩해낸 이 거대한 지적 변환의 과정을 알아낼 수만 있다면, 미래를 여는 지혜로 삼는 데 주저함이 없게 될 것이다. 왜냐하면 역사는 절대 건너뛰거나 비켜가는 법이 없기 때문이다. 르네상스 시대를 이렇게 알아가는 방식이 예술가들의 기예만을 감탄하는 것보다 훨씬 더 폭넓고 깊은 감명과 지혜를 줄 수 있지 않을까?

먼저 르네상스 시대라는 문명화된 시기가 도래하기 직전, 중세 말기 피렌체의 모습부터 잠시 그려보기로 하자. 그래야 르네상스 시대가 선명하게 보인다. 당시 지역의 종교 지도자는 주교였고, 주교는 대토지를 소유한 주교의 교회 수장이었기 때문에 그 지역에서 가장 부자였다. 주교는 종교 지도자라는 신성한 위상에서 나오는 영적 권력을 무기 삼아 농촌의 영주들과 결탁하여 세속 권력까지 장악할 수 있었다. 당시 주교는 영적 권력과 세속권력을 한몸에 지닌 최고의 권력자였다.

경제 활동의 중심이 점차 농업에서 상업으로 이동하자 환전업과 무역업으로 부자가 된 상인계층이 부상하게 되었고, 상인들은 자신들의 이익을 보호하기 위해 자치정부를 세워나갔다. 이런 과정 속에서 대략 1300년대 초반까지 주교와 상인들은 세속권력의 주도권을 놓고 끊임없는 갈등을 겪게 된다. 단테도 이러한 갈등의 모습을 보고 "지금 네 안에 사는 자들은 싸움이 끊이질 않으니, 성벽과 웅덩이에 둘러싸여 서로가 서로를 물어뜯는구나!"라고 한탄했다.

하지만 이 갈등은 오래 가지 않았다. 경제력이 있는 상인들이 주교와의 끈질긴 투쟁에서 승리하자, 종교와 정치는 분리되기 시작했다. 종교의 역할은 개인적이고 일상적인 삶에 한정되고, 상인들이 세운 공화정부(시뇨리아)는 고대 로마 공화정 시대의 제도를 공동체를 다스리는 원리로 삼았다. 르네상스 시대의 특징 중 하나인 고대 로마 공화정 문화의 부활도 이러한 정치적 변화가 있었기 때문에 가능했다.

르네상스라는 시대는 이렇게 영적 권력은 주교에게 남았지만 주교가 행사하던 세속권력은 상인들이 세운 정부로 이양된, 매우 중요한 역사적 전환점이다. 이제 상인들이 세운 정부는 공동체를 다스리는 원리를 더이상 기독교 교리에서 찾지 않고, 찬란했던 과거 고대 로마의 정치 제도에서 찾았다. 자연스레 인간이 세속의 중심에 서는 시대로 접어든 것이다. 그렇다고 이러한 변환이 단숨에 일어난 것은 아니다. 신의 섭리보다 인간의 지성을 더 존중하는 세계로 넘어가기까지는 대략 250년의 세월이 소요되었다.

나는 자료의 정확성을 기하고 싶은 동시에 성당이나 수도원 성직자들 사이에 구전으로 전해내려오는 비사秘史를 직접 듣고 싶은 마음에 르네상스의 탄생지인 피렌체에 64일을 머물렀다. 그러면서 운좋게도 여러 전문가를 직접 만나 인터뷰할 수 있었다. 인터뷰에 응해주고, 자료를 제공해주신 한 분 한 분을 간략하게 소개하고자 한다. 이분들의 도움이 없었다면 나 또한 르네상스 시대에 제작된 예술작품과 몇 권의 인문학 서적만 보고, 르네상스 시대의 진정한 가치를 간과해버리는 우를 범했을 수도 있었을 것이다.

　먼저 피렌체와 프라토, 그리고 투스카니 지역의 유적 건물관리 총 책임자인 도미니코 박사에게 감사드린다. 이분의 소개로 국립도서관 및 고문서보관소에 접근할 수 있었다. 피렌체에 있는 고문서보관소의 푸다 박사Dott. Fuda는 동양인은 처음이라며 반겨주고, 일반인의 접근이 금지된 지하 서고에서 양피지 고문서를 자유롭게 볼 수 있게 해주었다. 두 분께 진심으로 감사드린다. 그리고 이탈리아 국립도서관에 전시해놓겠다며 필자의 책『피렌체의 빛나는 순간』을 받아 간 이탈리아 국립중앙 도서관장 사바스티아니 박사Ms. Maria Letizia Sabastiani에게도 감사드린다.

　두오모 성당의 건물관리 총 책임자이신 알레산드로 신부Padre Allessandro Bicchi는 이틀 동안 시간을 내 르네상스 시대에 두오모 성당의 역할에 대해 세세히 설명해주었다. 일반인들의 접근이 철저히 금지된 성역, 두오모 성당의 성구실에서 이 신부와 인터뷰를 했으니, 이 또한 행운이다. 르네상스 시대에 프란체스코 수도사들이 탁발에 의존하며 금욕의 삶을 살아가던 산타 크로체 수도원의 원장 로베르토 신부Padre

Roberto Bernini와 도미니크 수도사들이 설교 활동을 펼치던 산타 마리아 노벨라 수도원의 도서관장 루치아노 신부Padre Luciano Cinelli는 르네상스 시대 초기 탁발 수도사들의 활약상을 알려주고 이단자를 가두어두던 감옥까지 직접 보여주었다.

거대한 조직을 갖춘 이들 두 탁발 수도회 이외에도 산타 트리니타 수도원의 원장 안토니오 신부Don Antonio Brogi, 카르멜 수도원의 원장 카르멜리타니 신부Padre Carmelitani, 산토 스피리토 수도원의 원장 안토니오 신부Padre Antonio Baldoni, 싼티시마 안눈치아타 수도원의 원장 롬베르토 신부Padre Lomberto Crocianni, 산 마르코 수도원의 원장 루치아노 신부Padre Luciano Santarezzi, 그리고 산 미니아토 알 몬테 수도원의 톨로레미 신부Padre Tolomei 등, 총 열 분의 신부들이 각 수도회가 피렌체에 이주해와 자리를 잡아가던 역사적 배경과 당시 르네상스 시대 사회상에 대해 자세히 설명해주셨다. 이 신부님들이 전해준 내용은 기존에 출간된 책들에는 소개되어 있지 않은 자료들로, 개혁적인 탁발 수도사들과 주교를 중심으로 한 보수적인 성직자들의 관계를 이해하는 데 큰 도움이 되었다. 이 중 산타 트리니타 수도원의 원장님은 당시 최고령이셨는데, 이번에 피렌체를 방문했을 때 안타깝게도 타계하셨다는 소식을 들었다.

이 책이 출간되기까지 줄곧 필자 옆을 지켜준 박사 과정 장성혁 군과 김경환 박사는 원고를 빠짐없이, 그리고 여러 번 읽어가며 토론을 해주었다. 불평 한마디 하지 않고 필자에게 힘을 보태준 두 제자에게 머리 숙여 감사드린다. '르네상스 33가지 비밀'에 이어, '르네상스 예술여행'이란 제목으로 1년 여 동안 연재할 기회를 주신 매일경제신문

사의 홍기영 국장님과 기자 분들께도 꼭 고맙다는 말을 전하고 싶다. 연재를 하는 동안 독자들과 소통할 수 있었고, 이 책을 새로이 구상하는 데 많은 도움이 되었다. 또 필자가 집필하는 데 연구비를 흔쾌히 지원해주신 (주)삼양홀딩스의 김윤 회장님, 그리고 제자인 이강선 사장에게도 감사의 인사를 드린다. 진심으로 이분들의 도움이 없었다면 이 책은 출간되지 못했다. 마지막 지면을 빌려 다시 한 번 이분들에게 감사의 인사를 드린다.

이제 마지막으로 『피렌체의 빛나는 순간』 출간 이후 독자들께 약속했던 것처럼 '베네치아 상인들이 만든 르네상스'라는 주제를 다룬 책으로 다시 만날 수 있도록 최선을 다하겠다는 약속을 드리며 모든 글을 마친다.

주

첫째 날

1 단테, 『신곡』, 김운찬 옮김, 열린책들, 2009, 연옥, 제6곡(82~84).

2 C. Hilbbert, *Florence: The Biography of a city*, Penguin Books, England, 2004, pp.2~3.

3 G. W. Dameron, *Episcopal Power and Florentine Society, 1000~1320*, Harvard University Press, Cambridge, Mass., 1991, p.61.

4 단테(2009), 앞의 책, 천국 16곡(112~114).

5 C. Hilbbert(2004), Ibid., pp.8~9. & *Biblioteca Sanctorum, Rome*, 1962, Vol.13. col.493~499.

6 C. Hilbbert(2004), Ibid., p.8.

7 피렌체 외곽에 위치한 세티모(Settimo) 수도원이다. 개혁적인 수도사들의 반-주교 운동에 대해서는 다음 자료를 참조하라. R. Davidsohn, *Storia di Firenze*, vol.1, Sansoni, Florence, 1997, p.148.

8 G. W. Dameron, "Cult of St. Minias and the Struggle for Power in the Diocese of Florence 1011~1054," *Journal of Medieval History*, Vol.13, 1987, pp.125~141.

9 G. W. Dameron(1991), Ibid., p.33.

10 Bruno Santi, "San Miniato al Monte," *Becocci Editore*, Firenze, 2004, pp.47~49.

11 토착귀족(magnati)이란, 농촌에 대토지를 소유하고(proceres), 기사 작위(milites)를 가졌으며, 그 작위가 세습되는 계층을 의미한다. 상업이 발달되면서 이들은 대부업으로 피렌체 도심에서 부를 축적하기도 했다. 이들 계층 중에서 시민들로부터 평판이 나쁜 가문들은 후에 모든 공직에서 모두 배제된다(1293년). 토착귀족의 정의에 대해서 좀더 자세한 논의는 다음 자료를 참조하라. G. W. Dameron(1991), Ibid., p.13.

12 피렌체 외곽에 위치한 세티모 수도원의 원장(St. Guarinus)이 개혁적인 수도원장의 영향을 받아 발롬브로사나(Valombrosana) 수도회가 탄생된다(1037). 자세한 내용은 다음 자료를 참조하라. G. W. Dameron(1991), Ibid., pp.28~37.

13 이 행사가 열릴 때는 피렌체가 이탈리아 수도였다. 자세한 내용은 다음 자료를 참조하라. Barocchi, Paola and Giovanna Gaeta Bertela, "Ipotesi per un museo nel

Palazzo del Podesta tra il 1858 e il 1865," *In Studi e ricerche di collezionismo e museografia*, Firenze, 1820~1920.

14 단테(2009), 앞의 책, 지옥 28곡(106~108).

15 공정성을 위해서 자격조건도 엄격했다. 피렌체에서 최소 50마일 밖에서 출생한 자로서 기사 작위를 가져야 했다. M. V. Becker, "The Republican City State in Florence: Inquiry into Its Origin and Survival(1280~1434)," *Speculum*, Vol.35, No.1, 1960, pp.39~50.

16 J. M. Najemy, *A History of Florence, 1200~1575*, Blackwell Publishing, United Kingdom, 2008, pp.66~72.

17 J. M. Najemy(2008), Ibid., pp.66~67. & R. Davidsohn, *Forschungen zur Geschichte von Florenz*, vol.4, Berlin, 1896~1907, pp.536~550.

18 명칭에는 계속적인 변천이 있었다. Palazzo del Popolo(1255), Palazzo del Podesta(1260), Palazzo Ducale(1326). 메디치 대공 시절에 비밀경찰로 악명 높은 피렌체 경찰청사로 쓰이기 시작하면서 'Bargello'라 불렸다(1537~1857).

19 C. Hilbbert(2004), Ibid., p.32

20 J. M. Najemy(2008), Ibid., pp.81~87, '1293년 1월 18일, 정의의 법률(Ordinamenti di Giustizia)'을 제정하여, 72개 가문은 정치 참여를 금지, 그리고 140개 가문은 법률을 위반하는 경우 벌금을 낼 수 있도록 일정금액을 예치해야 하는 가문으로 규정했다.

21 J. M. Najemy(2008), Ibid., pp.124~131.

22 1246년 마르세유 근방에서 막달레나 마리아의 진품 유골이 발견되었다고 한다. 앙주 가문 출신으로 당시 프랑스 왕이었던 샤를 2세는 마르세유 지역 출신 '베아트리체'와 결혼하여 자신들의 왕조를 신성화하려 했다. 이후부터 앙주 가문은 막달레나 마리아를 왕조의 수호성인으로 봉헌하게 된다. 자세한 내용은 다음 자료를 참조하라. S. Kelly, *The New Solomon: Robert of Naples(1309~1343) and Fourteenth-Century Kingship*, Leiden and Boston, 2003, pp.227~235.

23 J. Elliott, "The Judgement of the Commune: The Frescoes of the Magdalen Chapel in Florence," *Zeitschrift fü Kunstgeschichte*, 61. Bd., H.4, 1998, pp.509~519. 당시에는 '총독의 예배당(Cappella Podesta)'라 불렀다.

24 산타 마리아 델라 크로제 알 템피오(Santa Maria della Croce al Tempio)라 불리는 평신도 단체가 죄수와 함께 마지막 밤을 지내고, 교수대까지 죄수를 호송하며 눈을 가려주는 것을 도왔다. 자세한 내용은 다음을 참조하라. L. Artusi and A. Patruno, *Deo gratias: storia, tradizioni, culti e personaggi delle antiche confraternite fiorentine*, Rome, 1994, pp.244~249.

25 미국인 작가이자 변호사인 리처드 와일드(Richard Henry Wilde)가 1840년에 발견했다. 피렌체가 대홍수로 엄청난 피해를 입었을 당시(1966년), 일본 정부의 후원으로 피렌체 예술작품들과 유적들이 복원된 적이 있다. 〈냉정과 열정 사이〉라는 일본영화는 이러한 시대적 배경에서 탄생되었고, 이후부터 피렌체가 일본 관광객들이 가장 많이 찾는 명소가 된 것과 같은 맥락이다.

둘째 날

1   C. Hilbbert(2004), Ibid., p.24.

2   1326년 시뇨리아(signoria)라 불리는 행정부와 시 의회, 그리고 사법부로 분리되는 정
    치구조가 탄생한다. 피렌체 최초의 공화정 형태에 대해서는 다음 자료를 참조하라. J.
    M. Najemy(2008), Ibid., pp.124~132.

3   우피치 미술관 북쪽 면에 위치한 스케라조(S. Pier Scheraggio) 교회에서 회의를 하
    던 행정관들이 1302년 3월에 새로운 시청사로 이전했다. 시의회 회의실까지 완공된
    시점은 2년 후인 1304년이다. N. Rubinstein, *The Palazzo Vecchio, 1298-1532:
    Government, Architecture, and Imaginary in the Civic Palace of the Florentic
    Republic*, Clarendon Press, Oxford, 1995. p.5.

4   맨 처음에는 '행정관들의 청사(Palazzo dei Priori)'라 불렀으며, 나폴리 왕의 대리
    자인 총독이 다스리던 시절에는 '총독의 관저(Palazzo Ducale)', 그리고 코시모 대
    공 시대에 '피티 궁전'으로 불렀다. 새로운 시청사가 이동하면서 현재와 같이 '팔라초
    베키오(옛 궁전이란 뜻)'라 불린다. M. Trachtenberg, "Founding the Palazzo Vec-
    chio in 1299: The Corso Donati Paradox, *Renaissance Quarterly*, Vol.52, 1999,
    pp.967~968.

5   교회는 'San Michele in Orto'의 줄임말로 '채마밭에 세워진 천사 미카엘'을 봉헌하는
    교회라는 의미이다.

6   M. B. Becker, "Heresy in Medieval and Renaissance Florence: A Comment," *Past
    & Present*, Vol.54, 1972, pp.25~29.

7   R. Goffen, *Spirituality in Conflict: Giotto's Bardi Chapel*, Pennsylvania State
    University Press, 1987, pp.1~3.

8   C. Hilbbert(2004), Ibid., pp.46~56.

9   처음에는 '시청사의 로자(Loggia dei Sinogria)'라 불렀으며, 후에 메디치 대공 시절부
    터 대공의 근위대인 스위스 용병(Lanzichenecchi)들이 머무르던 장소를 뜻하는 '로
    자 데이 란치(Loggia dei Lanzi)'라 불렀다. 다음 자료를 참조하라. Y. Elet, "Seats of
    Power: The Outdoor Benches of Early Modern Florence," *Journal of the Society
    of Architectural Historians*, Vol.61, No.4, 2002, pp.444~469.

10 J. M. Najemy(2008), Ibid., pp.44~49.

11 H. W. Janson, *The Sculpture of Donatello*, Princeton University Press, Vol. 2, 1957,
    p. 41.

12 그래서 단테도 『신곡』에서 "나는 피렌체 처음의 수호신 마르스를 세례자 요한으로
    바꾼 사람인데"라고 피렌체를 묘사해놓고 있다. 단테(2009), 앞의 책, 지옥 제13곡
    (143~144).

13 J. Henderson, *Piety and Charity in Late Medieval Florence*, The University of
    Chicago Press, Chiago & London, 1994, pp.197~238. 1343년부터 1347년, 기근이
    제일 심할 때는 3일 동안 10만 개의 빵을 무료로 나누어주기도 했다.

14 초기에는 대천사 미켈레와 성모마리아를 동시에 봉헌했다. 그래서 당시 평신도회의
    이름도 'Compagnia della Nostra Donna Sancta Maria e del Beato Messer Santo

Michele in Orto'라 불렀다. 자세한 내용은 다음 자료를 참조하라. N. R. Fabbi & N. Rutenberg, "Orsanmichele in Context," *The Art Bulletin*, Vol.63, No.3, 1981, p.386.

15 B. Cassidy, "Orcagna's Tabernacle in Florence: Design and Function," *Zeischrift Kunstgeschichte*, 55. Bd, H.2, 1992, pp.180~182.

16 C. B. Strehlke, *Orsanmichele and the History and the Preservation of Civic Monument*, Yale University Press, 2012, p.12.

17 조반니 보카치오, 『데카메론』, 한영곤 옮김, 동서문화사, 2011, 21쪽.

18 B. Cassidy, "The Financing of the Tabernacle of Orsanmichele," Notes in the History of Art, Vol.8, No.1, 1988, p.3.

19 B. Cassidy(1992), Ibid., p.190

20 Luciano Artusi, "Orsanmichele in Firenze," Edizioni Becocci, 2006, Firenze, pp.33~45.

21 N. Fabbri & N. Rutenburg(1988), Ibid., p.387.

22 우베르티 가문과 같이 주교의 재산을 대신 관리해주던 토착귀족들이 이들 이단 세력과 친분이 있었기 때문이다. 피렌체 도심에서 가난한 수공업자들이 이단 세력을 추종하게 되자, 한때 교황에게 가장 우호적이었던 피렌체가 이단 세력의 중심지가 되어갔다.

23 G. W. Dameron, *Florence and Its Church in the Age of Dante*, University of Pennsylvania Press, 2005, pp.42~43.

24 R. Davidsohn(1977), Ibid., Vol.1, p.23.

25 R. Goffen(1987), Ibid., p.7.

26 만약 예배당 장식 의무를 지키지 못하는 가문은 자신이 소유한 예배당을 다른 가문에게 넘겨줘야 했다. 르네상스 시대에 수도원 지하에 선조들의 시신을 안장하고 성당 내부 익랑에 지어진 예배당을 가질 수 있는 권한(Jus Patronatus)에 대해서는 성제환, 『피렌체의 빛나는 순간』, 문학동네, 2013, 64~67쪽을 참조하라.

27 R. Wittkower, *Divine Michelangelo*, London, Phaidon Publishers, 1964, p.11.

28 R. Ciabani, *Le Famiglie di Firenze*, Bonechi, Florence, 1992, p.483.

29 E. Giurescu, *Trecento Family Chapels in Santa Maria Novella and Santa Croce: Architecture, Patronage and Competition*, Ph. D., diss., New York University, 1997, p.160.

30 M. Milliard, *Painting in Florence and Siena after Black Death*, Princeton University Press, 1951, pp.78~79.

31 보라기네의 야고부스, 『황금전설』, 윤기향 옮김, 크리스챤 다이제스트, 592~606쪽.

32 프란체스코 수도회 수도사로서 시에나의 성자로 추앙받게 되는 베르나디노의 '수도사의 삶에 대한 제3의 길'에 대해 자세한 내용은 다음 자료를 참조하라. K. L. Jansen, *The Making of the Magdalen: Preaching and Popular Devotion in the Later Middle Age*, Princeton University Press, 2000, pp.50~51, p.125.

33 R. G. Witt, *In the Foot Steps of Ancient: The Origins of Humanism from Labato to Bruni*, Brill Academic Publishers, 2003, pp.174~229.

셋째 날

1   G. A. Brucker, *The Society of Renaissance Florence: A Documentary Study*, University of Toronto Press, 2001, p.14.

2   길드 정부가 세워진 1293년 정부의 주역은 이 12개의 길드였다. 자세한 내용은 다음 자료를 참조하라. J. M. Najemy, *Corporatism and Consensus in Florentine Electoral Politics*, 1280~1400, University of North Carolina Press, 1982, pp.43~65.

3   C. Hilbert(2004), Ibid., pp.68~70.

4   J. M. Najemy(2004), Ibid., pp.182~167.

5   S. J. Cornellison, *Art and Devotion in late Medieval and Renaissance Florence: the relics and reliquaries of Saints Zenobius and John the Baptist*, ph.D., diss., University of London, 1999, pp.157~158.

6   F. Tocker, "Excavation Below the Cathedral of Florence, 1965~1974," *Gesta*, Vol.14, No.2, 1975, pp.17~36.

7   C. Hibbert(2004), Ibid., p.7.

8   '산타 레파라타' 교회에서 '꽃의 성모마리아 성당'으로 바뀌게 되는 전 과정에 대한 자세한 기록은 다음 자료를 참조하라. M. Najemy, "The Beginning of Cathedral," *Arnolfo's Moment: Acts of an International Conference*, 2009, pp.183~210.

9   F. Toker, "On Holy Ground:Liturgy, Architecture and Urbanism in the Cathedral and the Streets of Medieval Florence," Florence Duomo Project Book1, Harvey Miller Publishers, 2009, pp.91~98.

10 M. Bergstein, "Marian Politics in Quattrocento Florence: The Renewed Dedication of Santa Maria del Fiore in 1412," *Renaissance Quarterly*, Vol.44, No.4, 1991, p.704.

11 1375년에 '산타 레파라타' 교회가 허물어지고 1439년에 완성했으니, 65년의 세월이 걸린 셈이다. 또 대리석과 화려한 모자이크로 장식된 성당 전면(facade)은 건축가였던 '파브리스(Emilio de'Fabris, 1808~1883)'의 설계에 따라 1887년에 완공되었으니, 오늘날 우리들이 보는 두오모 성당은 무려 500년이 넘는 긴 세월을 거쳐 완성된 예술작품이다. 자세한 자료는 다음 문헌을 참조하라. M. Bergstein(1991), Ibid., pp.704~705. & Lucio Bigi, "The Duomo of Florence: Its Masterworks of Art Symbols and Epigraphs," *Libreria Editrice Fiorentina*, Firenze, 2010, pp.13~15.

12 교황 그레고리 6세가 이끄는 교황 연합군과 피렌체가 리드하는 이탈리아 연합군 대 사이에 벌어진 전쟁으로 '8 성인의 전쟁(War of the Eight Saints)이라고 부른다 (1375~1378). 자세한 자료는 다음을 참조하라. Najemy(2009), Ibid., pp.150~155.

13 G. Griffiths, "The Political Significance of Uccello's Battle of San Romano," *Journal of the Warburg and Courtauld Institutes*, Vol.41, 1978, pp.313~316.

14 이럴 때마다 고위공직자들은 시청사 광장에 시민들을 모아놓고, 용병대장들을 찬미하는 축사를 소리 내어 읽어내려갔다. 피렌체 시민들에게 용맹함의 덕목을 심어주고 피렌체를 찬미하려는 목적 때문이었다. 이 경우도 예외는 아니었다. 당시 피렌체 서기장은 시청사 광장에 모인 시민들을 향해 용병대장들의 용맹함을 칭송하면서 "고대 로마

제국 시대에는 승리한 장군들을 청동 기마상으로 제작해 축복해주었다!"라고 하자, 시
민들은 박수로 화답했다. 당시 피렌체 서기장이었던 '레오나르도 브루니'의 연설 내용
에 대해서는 다음 자료를 참조하라. Eve Borsook, "The Power of Illusion: Fictive
Tombs in Santa Maria del Fiore," *Santa Maria del Fiore: the Cathedral and Its
Sculpture*, 2009, pp.64~72.

15 당시 피렌체에서는 세례당의 청동문과 '요한 23세'의 조각상, 그리고 오르산미켈레 교
회의 길드 수호성인을 청동으로 조각하느라, 청동이 부족했다. 이와 관련된 세부적인
기록에 대해서는 다음 자료를 참조하라. Eve Borsook(2009), Ibid., p.64.

16 E. H. Wilkins, "A Note on Domenico di Michelino's Dante," *Italica*, Vol.21, No.4,
1944, p.169.

17 곡물시장은 신 시장(Mercato Nuovo)으로 이전했다.

18 1300년대 초반까지 피렌체 의류와 양모의 품질은 플랑드르 지역에서 생산되는 상품에
뒤졌다. 1300년대 초반 피렌체 은행가들이 영국 왕들에게 대출을 해주고 대가로 양질
의 양모 수입 독점권을 획득하면서 피렌체 양모 상품의 질은 유럽에서 가장 우수해졌
다. 이 과정에서 은행가, 양모를 수입하던 의류무역 상인, 그리고 양모제조 공장 사이
의 관계는 상업적으로 밀접하게 연결된다.

19 *Patrons and Artists in the Italian Renaissance*, ed. by D. S. Chambers, Univer-
sity of South Carolina Press, 1971, p. 43. 당시 회의록 전문을 그대로 옮겨본다.
'누구든 이 글을 보거나 읽게 될 사람에게 다음의 인물들이 함께 아래에 쓰게 될 문제
에 관련된 특별회의(balia)를 열었다는 것을 알게 하라. 고귀한 니콜로 디 세르 프레스
코 보르기, 아베라르도 디 프란체스코 데 메디치, 조바니 디 발두치오, 디 키에리키니
오, 조바니 디 메세르 루이기 구이차르디니(상기 환전상 조합의 대표들임), 그리고 현
명한 니콜로 디 조바니 델 벨라치오, 니콜로 다르놀로 세랄리, 지오바니 디 미코 카포
니, 코시모 디 조바니 데 메디치, 이들은 상기 조합의 회관에 모여, 벽감과 성 마태의
새로운 조각에 관한 다음의 계약을 체결했으며, 그들은 이 조각이 상기 조합에 의해
새롭게 얻어질 벽감 안에 황동과 청동으로 만들어지기를 바랐다. 저희끼리의 철저하
고 비밀스러운 사전 조사와 검은콩과 흰 콩으로 투표를 거친 이후에, 그들은 이 계약
을 산탐브로지오 교구의 로렌초 디 바르톨루치오[바르톨로]에게 주기로 하였는데, 그
는 현재 기꺼이 이 일을 맡을 수 있으며 그 자신과 후계자들의 이익에 따라 행동하는
사람이다. 그들은 상기의 로렌초와 다음의 계약조항에 대해 서명했다:
첫째로, 상기 로렌초 디 바르톨루치오는 상기의 대표들과 4명의 조합원에게, 상기의
성 마태 조각을 질좋은 청동으로 최소한 상인 조합의 세례자 요한 조각만큼 크게 만들
것을, 혹은 로렌초 자신의 재량에 따라 큰 것이 더 낫다면 그것보다 크게 만들 것을 엄
숙하게 서약한다. 그리고 조각은 하나 혹은 두 조각으로 주조되어야 하고, 만일 두 조
각으로 만들 경우에는 머리가 한 부분 나머지가 다른 한부분이 되어야 하며; 상기 조
각의 무게는 기단과 합해서 2500파운드가 넘지 않아야 한다. 그리고 그는 현재와 미래
에 조합의 대표들이 요청하고 명령하는 바에 따라 조각의 전체 혹은 부분을 도금하기
로 약속한다. 그리고 그는 뿐만 아니라 이 조각을 이런 분야에 경험이 있는 훌륭하고
능숙한 전문가들과 그 자신이 만들도록 하겠다고 약속하고, 다음 언급된 시간과 대표
들 등과 약정한 기간 동안 상기 조각 작업을 계속하기로 약속한다.

그리고 그는 지금부터 3년 이내에 상기 조각을 상기 조합의 벽감에 운반하고, 마무리 작업을 하고 설치하기로 약속하고, 지난 7월 21일 시작하고, 대표들과 건물관리위원회 혹은 이들의 2/3에게 설명해야 하는 어떠한 사소한 장애물도 피하지 않겠다고 약속한 다. 상기의 로렌초는 상기의 대표들과, 건물관리위원회의 멤버들에게 상기 작업에 대한 그의 급료와 보수에 대해 그들이 결정하는 사항에 따르기로 약속한다. 그리고 그는 그가 상인 조합에서 성 요한을 제작하고 받은 급료와 같은 금액을 받는 것에 대해, 뿐만 아니라 누구에게든 이전에 받았던 금액에 대해 같은 금액을 받겠다고 주장하지 않기로 약속한다. 1418년 8월 26일.'

20   *Patrons and Artists in the Italian Renaissance*, ed. by D. S. Chambers, Univ. of
     South Carolina Press, 1971, p.46. 당시 회의록 전문을 그대로 옮겨본다.
     '앞서 말했던 대표들이 평소처럼 조합의 사무실에 모였고, 이는 업무를 이행하기에 충
     분한 숫자(비록 우골리노 디 프란체스코 데 오리첼라니가 결석하였음에도)이며, 이들
     은 오르산미켈레의 성모마리아의 평신도회에 의해 서명된 법률에 대해 숙고했는데,
     기도실의 장식에 대해 피렌체의 21개 조합에 배정된 벽감을 제공해야 한다는 내용을
     제정하는 것이었다. 그리고 (상기의 법률이 보다 완전히 포함하고 있듯이) 이는 특정
     날짜까지 제대로 시행돼야 하고, 벽감은 도시의 명예와 상기 기도실의 장식을 위해 성
     실하게 장식되어야 한다.
     그리고 앞서 말했던 대표들은 다음과 같은 사실에 대해 숙고했다. 모든 조합이 그들의
     벽감을 완전히 완성했고 특히 의류무역 상인 길드와 환전상 조합의 벽감은 매우 훌륭
     하게 양모제조 조합의 벽감보다 훨씬 아름답고 잘 장식되었으며, 이 조합들이 양모제
     조 조합보다 더 많은 명예를 얻었으며, 항상 모든 다른 조합들의 지도자가 되고자 했
     던 상기 조합에 심각한 공격을 했다는 것이다.
     그리고 앞서 말했던 대표들은 상기 조합의 훌륭함과 명예를 위해 건전한 해결책을 제
     시하고자 한다. 그리고 평상시에 관찰되는 근엄함을 가지고, 상기 조합의 법률의 양식
     에 따라, 그들은 명령하고 엄숙하게 결의한 바 있으며, 정부와 특별회의를 통해 상기
     조합이 가능한 모든 법적인 방법을 동원할 수 있도록 노력한다.
     현재의 대표들과 그들의 후임자, 혹은 부재자를 재외한 이들의 2/3는 8월 한달 동안 지
     위를 가지며, 이들은 벽감 혹은 닫집(tabernacle), 그리고 최초의 순교자이자 상기의
     모직물 조합의 수호성인인 성 스테판의 조각을 다시 만들어야 할 의무를 가지며, 이
     는 조합의 명예와 신에 대한 숭배를 위한 것이다. 이는 상기 조합의 명예와 영광을 드
     러내기에 적합한 어떤 양식으로든 제작되어야 하며, 상기의 벽감을 초과하거나 최소
     한 아름다움과 장식성에 있어서 다른 것들보다 아름다워야 한다. 이 조각과 벽감을 만
     드는 데 있어, 상기 총대표들과 혹은 다른 사람들이 없을 경우는 그들의 2/3가 1000플
     로린까지 지불해야 할 것이다. 그리고 상기 총대표들은 상기 기간 동안 상기 조각과
     벽감에 대해 어떤 사람에게 어떤 가격으로든 의뢰할 것이며, 시간 등에 관한 계약상의
     합의사항에 대해 의논하게 될 것이다. 이는 상기 조합에게 가장 유용한 것이 될 것이
     다. 1427년 4월 11일.'

21   '예수와 성 도마(Christ and St. Thomas)' 조각상 이야기. 1328년 길드 정부가 안정되
     어 갈 무렵, 길드 회원이 아닌 일반인도 공직에 취임할 수 있는 길이 열렸다. 이와 같은
     제도 변경은 길드에게 위협이 되었다. 대안으로 길드 대표들은 상인들 사이의 분쟁과

불법 노동자들을 처벌하는 재판권을 행사하던 상업재판소의 권한을 강화시켰다. 이러한 과정에서 상업재판소는 또 하나의 길드이자 르네상스 시대 내내 피렌체의 중요한 권력기관이 된다.

메디치 가문의 측근 5명이 피렌체 상업 재판소의 행정을 관할하는 사무실(Sei della Mercanzia)에서 회의를 열었다(1466년 3월 26일). 회의 내용은, 오르산미켈레 교회의 벽면을 장식하고 있는 청동 조각상(툴루즈의 성 루이)을 산타 크로체 성당으로 이전하고, 그 자리에 피렌체 상업 재판소의 수호성인의 조각상을 제작한다는 사항이었다. 결국 상업 재판소가 150플로린(약 1억 원)을 오르산미켈레 교회에 지불하고 수호성인의 후원권리를 사는 결정을 내렸다. 조각가로 회화와 조각분야에서 명성을 떨치던 레오나르도 다빈치의 스승인, '베로키오'가 선정되었다. 작품의 주제는 '예수와 성 도마(Christ and St. Thomas)'로 선정되었다. 예수의 12제자 중 한사람인 '성 도마'는 의심이 많아, 예수가 실제 부활하는 장면을 보고서야 부활을 믿었던 사도이다. 그래서 성경에서는 '의심 많은 성 도마'로 불린다. 그런데 재판소의 수호성인에 왜 '의심 많은 성 도마'가 등장하게 될까?

메디치 가문이 권력을 장악하고서, 가장 먼저 시도한 정치적 개혁은 사법부의 개혁이었다. 당시 재판관들은 사실관계도 파악하지 않고, 법전만 보고 판결을 내렸다. 그래서 선의의 피해자도 많았으며, 그중에 메디치 가문 측근들도 피해가 적지 않았다. 메디치 가문은 중대한 결단을 내렸다. 전문 법률가 출신 재판관을 해임하고, 사실관계와 상식에 의해 판단할 수 있는 존경받는 시민들을 재판관으로 임명했다. 법전보다 진실 규명과 관용이 더욱 중요하다고 여긴 것이다. 그래서 베로키오가 조각한 청동상을 보면, '의심 많은 도마'가 예수가 수난을 당할 때, 창에 찔린 가슴 부위 상처를 손으로 확인하는 형상으로 묘사된 것도 이러한 배경 때문이다. 이와 관련해 다음 자료를 참조하라. A. Butterfield, "Verrocchio's Christ and St. Thomas: Chronology, Iconography and Political Context," *The Burlington Mazine*, Vol.134, No.1069, 1992, pp.225~233.

22 N. W. Gilbert, "The Early Italian Humanists and Disputation," *Renaissance: Studies in Honor of Hans Baron*, ed. by A. Molho & J. Tedeschi, Northern Illinois University Press, 1971, pp.201~226.

23 H. Baron, *The Crisis of the Early Italian Renaissance, Civic Humanism and Republican Liberty in an Age of Classicism and Tyranny*, Princeton University Press, 1993, pp.444~448.

넷째 날

1 H. Baron(1966), Ibid., p.382.

2 7대 가문은 Nicolo da Uzzano, Rinaldo degli Albizzi, Gino di Neri Capponi, Agnolo Pandolfini, Bartolomeo Valori, Palla Strozzi, Cosimo de'Medici 등이다. 자세한 내용은 다음 자료를 참조하라. N. Rubinstein, *The Government of Florence under the Medici*, Oxford Clarendon Press, 1966, pp.133~134.

3   A. Molho, "The Florentine Oligarchy and Balie of the Late Trecento," *Speculum*, Vol.18, 1968, pp.30~31.

4   C. C. Bayley, *War and Society in Renaissance Florence: The De Militia of Leonardo Bruni*, University of Toronto Press, 1961, pp.55~56.

5   N. Machiavelli(1990), Ibid., Book VII. p.282.

6   도나텔로가 조각한 대리석 〈다비드 상〉은 1400년대 초반 두오모 성당 내부에 설치되어 있었다. 위기를 겪은 피렌체 시 정부는 이 다비드 조각상을 시민들과 관료들이 자주 드나들던 시청사로 옮겨, 시민들의 이상적인 역할을 보여주기로 했다(1416년). 하지만 원래 두오모 성당 외벽에 설치하려고 제작된 작품이어서 〈다비드 상〉이 골리앗을 물리친 영웅의 모습이라기보다도, 기독교의 예언자, 선지자로서 모습이 더 선명했다. 적을 물리친 영웅의 모습으로 보여지기 위해서는 작품에 수정이 가해져야만 했다. 먼저 도나텔로는 다비드 상의 오른손에 예언자의 내용이 새겨진 두루마리 조각을 떼어내고, 그 자리에 구멍을 뚫었다. 그 구멍에 골리앗을 물리친 돌팔매를 엮을 수 있는 끈을 설치하기 위해서다. 자세히 보면 다비드의 오른손 엄지와 검지 사이에 조그만 구멍이 새겨진 것도 이런 배경 때문이다. 이러한 수정을 거쳐 다비드는 기독교 예언자에서 전쟁의 영웅으로 재탄생하게 되고, 두오모 성당 외벽에 걸려 있던 이 조각상은 정부의 중요한 행사가 열리던 시청사 광장으로 옮겨지게 된다. 두오모 성당 외벽에 설치하려고 제작된 조각상이어서, 조각상 뒷면을 보면 등에 벽에 걸던 걸개가 들어갈 구멍이 그대로 남아 있다. 새로이 구멍을 뚫기는 쉬워도 메우기는 어려웠던 모양이다. 어쨌든 도나텔로는 작품을 수정한 대가로 수고비를 받았다는 기록이 남아 있다. 도나텔로의 대리석 〈다비드〉 조각상과 관련된 자세한 내용은 다음 자료를 참조하라. E. J. Olszewski, "Prophecy and Prolepsis in Donatello's Marble "David"," *Artibus ft Historiae*, Vol.19, pp.67~69.

7   H. Baron(1955), Ibid., p.482.

8   '레오나르도 브루니'를 주축으로 한 당시 인문학자들은 머큐리 신을 예술과 재능을 낳은 아버지로 여겼다. 이들이 주장하고 있는 부분만 번역해보면 다음과 같다. "머큐리 신이여! 당신은 웅변력 뿐만 아니라, 모든 학문과 예술을 낳은 아버지십니다. 그리고 학문과 예술의 가장 훌륭한 길잡이가 되어주셨습니다. 당신의 신성한 힘으로 나의 가슴과 마음에 자양분을 얻게 되었고, 제가 그리스 이집트, 소-아시아를 육지와 먼 바다를 항해하는데 지켜 주셨습니다. 수호성인이시여, 당신은 오늘도 제 웅변력과 지식을 얻는데 도움을 주고 계십니다." F. Saxl, "Lectures," *Warburg Institute*, London, Vol.1, 1957, p.203.

9   J. Hankins, "Humanism and Platonism in the Italian Renaissance," *Edizioni di Storiae e Letteratura, Rome*, Vol.1, 2003, pp.123~124.

10   E. W. Bodnar, "Civic Foss, Cyriac of Ancona: Later Travels," *The I Tatti Renaissance*, Harvard University Press, 2003, p.459.

11   J. Hankins, *Repertorium Brunianum: A Critical Guide to the Writings of Leonardo Bruni*, Vol.1. Handlist of Manuscripts, Istituto storico italiano per il Medioevo, Rome, 1997, p.20.

12   P. Joannides, "Paolo Uccello's 'Rout of San Romano': A New Observation," *The*

Burlington Magazine, Vol.131, No.1032, 1989, pp.214~216.

R. Ashok & G. Dillian, "Uccello's "Battle of San Romano," *National Gallery Technical Bulletin*, Vol.22, 2001, pp.4~6.

14 G. Griffiths(1978), Ibid., pp.314~315.

15 R. Ashok & G. Dillian,(2005), Ibid., p.4.

16 G. Griffiths, "The Political Significance of Uccello's Battle of San Romano," *Journal of the Warburg and Courtauld Institutes*, Vol.41, 1978, p.314.

17 이 과정에서 메디치 은행은 서로 다른 화폐의 형태로 교황청으로 들어오는 헌금을 교황청 기준화폐(camerio)로 바꾸어주는 환전 과정에서 수수료를 챙길 수 있었다. 환전 수수료가 한 건당 3~5퍼센트에 달했다. 또한 무엇보다도 가장 큰 특혜는 메디치 은행이 사업을 위해 투자 재원을 별도로 마련할 필요가 없게 되었다는 점이다. 교황청으로 쏟아지는 황금만으로도 투자를 할 사업기회가 넘쳐났기 때문이다. 이러한 과정에서 메디치 은행의 수익률은 30퍼센트가 넘었고, 수익금 대부분은 부동산에 투자했다(거래 건수가 무려 180건이나 되었다).

다섯째 날

1 *Memoirs of a Renaissance Pope: The commentaries of Pius II, an abridgement*, tr., L. Gabel, Putnam Press, New York, 1959, p.107.

2 교황이 본 코시모의 위상은 계속 이어진다. "크로이소스(Croesus)도 가지지 못한 엄청난 부를 지녔다. 그리고 자신의 라이벌을 마음대로 할 정도로 엄청난 권력을 지녔다. 한 시민으로 행세하지만 시의 실질적인 지배자였다." 원전은 다음 자료를 참조하라. L. Gabe(1959), Ibid., pp.107~108.

3 I. Hyman, *Fifteenth Century Florentine Studies: The Palazzo Medici; A Ledger for the Church of San Lorenzo*, Ph. D., diss., New York University, 1968, p.114.

4 인문학자 Leon Battista Alberti는 '건축론'이라 불리는 『De re aedificatoria』의 저자로 로마 제국시대 건축 양식과 르네상스식 회화에 깊은 영향을 끼쳤다. 산타 마리아 노벨라 수도원 전면을 장식했다. 본문의 인용 문구는 다음의 자료를 참조했다. I. Hyman(1968), Ibid., p.120.

5 D. D. Davisson, *Secrets of the Medici Palace and It's Private Chapel: Six Studies in the Early Italian Renaissance*, Create Space Independent Publishing Platform, South Califonia, 2014, p.13.

6 본문의 내용은 코시모의 아버지 조반니가 남긴 유언 중 일부이다. 전체 맥락을 위해 문단 전체를 옮겨보면 다음과 같다. "충고하려 들지 마라, 대화하듯이 너의 의견을 신중하게 전달하라. 시청사에 가는 걸 조심해라. 소환될 때까지 기다리고, 소환을 받으면, 무엇을 해야 하는지를 물어라. 지지자를 많이 얻기를 원하면 절대 자랑을 하지 마라. 그리고 항상 대중의 눈에 띄지 않도록 해라!". 자세한 내용은 다음 자료를 참조하라. C. Hibbert(2004), Ibid., p.86.

7 Ottavio Morsisani, "Michelozzo Architetto," *Einaudi*, Torino, 1951, p.53.

8   *Essays in the History of Art Presented to Rudolf Wittkower*, ed., D. Fraser, Phaidon, 1969, p.80.

9   피렌체에는 '산타 크로체' '산타 마리아 노벨라' '산토 스피리토'와 '산 로렌초' 교구 등, 네 개의 교구가 있었다. 각 교구는 네 개의 행정구역을 관할하고 있어 피렌체에는 총 열여섯 개의 지구가 있었다. '산 로렌초' 교회가 있던 교구는 행정구역으로 '황금 사자'를 의미하는 리오네 도로(Lione d'oro) 지구에 속했다.

10   조르조 바자리, 『이탈리아 르네상스 미술가전』, 이근배 옮김, 탐구당, 1985, 343쪽.

11   성제환(2013), 앞의 책, 127~128쪽. & R. Gaston, "Liturgy and Patronage in San Lorenzo Florence, 1350-1650," *Patronage, Art, and Society in Renaissance Italy*, ed., F. W. Kent etal., Oxford University Press, 1987, p.122.

12   필자가 산 로렌초 교회의 구 성구실을 방문했을 때 라틴어로 새겨진 문구를 번역해놓은 것이다.

13   H. Saalman, *Filippo Brunelleschi: The Buildings*, Pennsylvania University Press, 1993, p.158.

14   C. Elam, "Cosimo de'Medici and San Lorenzo," Cosomo 'il Vechio' de'Medici, ed. E. F. Jacob, Faber and Faber Limited, 1960, pp.288~289.

15   H. Saalman(1993), Ibid., p.159.

16   교회를 신축하는 후원방식도 정말 상인답다. 코시모는 정부에서 발행하는 공채 4만 플로린을 교회의 이름으로 사두었다. 공채에서 발생하는 이자수익(2.8-10%)은 교회 건축비용으로 사용되었지만, 기간은 6년으로 한정해놓았다. 당연히 6년 후에 이 공채는 메디치 은행 수중으로 다시 들어갔다. 후원과 관련된 자세한 내용은 다음 자료를 참조하라. W. Sherd, "Verrocchio's Medici Tomb and the Language of Materials: with Postscript on His Legacy in Venice," *Verrocchio and late Quattrocento Italian Sculpture*, ed. S. Bule, Forence, Le Lettere, 1992, pp.160~161.

17   당시 석판의 크기는 1m×3m로 규제되어 있었는데, 코시모의 석판은 이보다 훨씬 큰 3m×5m로 제작되었다.

18   『열왕기 상』, 6장 18절.

19   수도회의 설립자(Philip Benizzi)는 피렌체 외곽 교회까지 방문할 정도로 어려서부터 신심이 강했다. 부활절에 카파지오에 있는 교회를 방문하여, 기도를 드리는 도중에 악마의 유혹을 느꼈다. 신의 도움을 청하자, 성모마리아의 목소리가 들렸다. 그리고 눈을 크게 뜨자, 사자와 양이 이끄는 황금 마차를 타고 천사에 둘러싸여서 검은색 망토를 입은 성모가 다가왔다. 이어 하얀 비둘기가 날아 들었다. 설립자가 체험한 기적에 대해 자세한 내용은 다음 자료를 참조하라. P. Branchesi, *San Filippo Benizi da Firenze dei Servi di Santa Maria*, Bologna, Centro di Studi O.S.M., 1985, pp.3~4.

20   르네상스 시대에 피렌체에서는 '신성한 현상은 평범한 사람의 손으로 그려지지 않아야 한다(acheiropoietic)'라는 주장이 퍼지기 시작했다. 그래서 신성을 지닌 예수나 성모마리아의 형상을 표현하는 화가들을 천재라고 불렀다. 자세한 내용은 E. Kitzinger, "The Cult of Images in the Age before Iconoclasm," *Dumbarton Oaks Papers*, Vol.8, 1954, pp.83~150.

21   이 수도회가 설립되던 1200년대 초반, 피렌체에는 '카타르파'라는 이단이 성행했는데,

이단파는 성모마리아를 통해서 예수가 인간의 몸으로 태어나는 수태고지 교리를 부정하고 있었다(1233년). 이들 이단 종교를 후원하고 있던 세력들은 독일황제의 후원을 받으면서 농촌에 대토지를 소유한 토착귀족들로 당시에 황제파(Ghibellini)로 불렸다. 그러나 '성모마리아의 종'이라 불리던 새로운 수도회 설립자들은 토착귀족이 아니라 신흥상인들로 수태고지 교리를 받아들였고 독일황제가 아니라 교황을 자신들의 후원자로 여기고 있었다. 한마디로 교황파(Guelfi)였다. 자세한 내용은 다음 자료를 참조하라. J. H. Stephens(1972), Ibid., pp.25~60.

22 D. F. Zervas, "quos volent et eo modo volent: Piero de'Medici and the Operai of SS. Annunziata, 1455~1555," *Florence and Italy; Renaissance Studies in Honor of Nicolai Rubenstein*, Westfield College, London, 1988, pp.17~18.

23 사케티의 109번째 이야기에서 피렌체 시민들이 양초 등 봉헌물을 수태고지 성소에 가져다 놓는 행위를 비난하고 있다. 자세한 내용은 다음 자료를 참조하라. F. Sacchetti, *Trecento Novelle*, Milan, Rizzoli, 1957, p.185.

24 1264년 이 수도회와 친분이 있던 의류상인 Chiarissino Falconieri는 교황 우르바노 4세에게, 자신이 60년 동안 부당한 방법으로 모은 재산에 대한 속죄를 요구했다. 교황은 속죄의 방법으로 피해자를 찾아 부당한 방법으로 취한 돈을 돌려주고, 남은 돈은 교회에 자선하도록 했다. 이러한 후원의 대가로 팔코니에리 가문은 교회의 중앙제단 앞에 시신 매장권한과 '독수리가 두발로 교회를 잡고 있는 형상'을 한 가문의 문장을 새길 수 있는 허가를 받았다. 동생 알레소 팔코니에리(Alesso Falconieri)가 이 수도회를 창설한 7인 중 한 명이다. 이 가문과 관련된 자세한 내용은 다음 자료를 참조하라. R. Davidsohn, "Storia di Firenze," tr., *Eugenio Duprd-Theseide*, Florence, Sansoni, Vol.3, 1973, p.18.

25 B. L. Brown, "The Patronage and Building History of the Tribuna of SS. Annunziata in Florence; a reappraisal in light of new documentation," *Mitteilungen des kunsthistorischen Instituts in Florenz*, Vol.25, 1981, pp.59~146.

26 H. W. Janson, *The Sculpture of Donatello*, Princeton University Press, 1980, pp.202~203.

27 M. A. Fader, *Sculpture in the Piazza della Signoria as Emblem of Florence Republic*, Ph. D., diss., University of Michigan, 1977, p.152.

28 S. B. McHam, "Donatello's Bronze David and Juidth as Metaphor of Medici Rule in Florence," *The Art Bulletin*, Vol.83, 2001, pp.36~38.

29 라틴어 원문은 다음과 같다. "Regna Cadunt luxu, surgunt virtutibus urbes" "Caesa viedes humili colla superba manu".

여섯째 날

1 N, Machiavelli(1990), Ibid., Book VIII. p.361.
2 동산과 부동산을 합해 23만 7988플로린을 물려받았다. 하지만 유산에 기록되지 않은 메디치 은행이 진 채무도 많았다. 자세한 내용에 대해서는 다음 자료를 참조하라.

Ross(1910), Ibid., p.154.

3　E. H. Gombrich, "Renaissance and Golden Age," *Journal of Warburg and Courtauld Institutes*, Vol.24, 1961, pp.306~309.

4　부실이 눈덩이처럼 불어나면서 런던 지점이 가장 먼저 폐쇄되고(1472), 이어 밀라노와 프랑스의 아비뇽 지점이(1478), 그리고 베네치아 지점마저 문을 닫게 된다(1481). 그리고 증조할아버지 때부터 메디치 가문 제조업의 기반이던 양모와 실크 공장마저 남의 소유로 넘어가게 된다(1480). 관련 내용은 다음 자료를 참조했다. Raymond de Roover(1966), Ibid., p.356.

5　피렌체에서 통용되던 은화로 이 시기에는 피렌체 금화인 플로린과 1:1 교환가치를 지녔다.

6　원래 이단 종교 재판권은 주교의 관할이었으나 효율적으로 대처하지 못하자 교황이 칙령(Ad extirpandam)을 내려 이단 종교 재판권을 교황 직속으로 해놓았다(1183년). 1233년 교황 그레고리 9세는 도미니크 수도회에게 이단 종교 재판권을 주었다. 다른 수도사보다 도미니크 수도사들이 교리에 밝고 지성인이었기 때문이다. 교황은 이런 방식으로 탁발 수도사들을 활용했다.

7　J. W. Brown, *The Dominican Church Of Santa Maria Novella At Florence: A Historical, Architectural, And Artistic Study*, Nabu Press, 2014, p.129.

8　G. Brucker, *Florentine Politics and Society, 1343-1378*, Princeton University Press, 1962, pp.20~21.

9　Raymond de Roover(1966), Ibid., pp.194~224.

10　ASF(Archivio di Stato di Firenze), Notarile Antecosimiano, B398, 18r-19r. & A. Warburg, "Gesammelte Schriften," Vol.1, Akademie-Verlag, 2000, p.134.

11　ASF(Archivio di Stato di Firenze), Notarile Antecosimiano, M.237, 192r~193r.

12　화가와 후원자 사이에 체결된 계약서 전문은 다음과 같다. "1485년 9월 1일, 아래에 명시된 조반니의 산 미켈레 베르톨디 교구에 속한 피렌체 자택에서 증인 도미니코 안드레아 데이 알라마니와 마르티노 구글리에미 드 알레마니아의 출석하에 이루어짐.
우리 전지전능하신 하느님과 그의 광명이신 동정녀 성모마리아와 성 요셉, 성 도미니크를 비롯하여 아래에 명시된 다른 성인들, 그리고 하늘의 주인과 프란체스코 토르나부오니의 아들이자 피렌체 시민이며 상인이기도 한, 고귀하고 고결한 조반니의 광명과 영광에 기도를 올리며, 그를 피렌체의 산타 마리아 노벨라 교회의 예배당 후원자로 추대한다. 그는 자비를 들여 신의 경건함과 사랑의 실현으로 상기 예배당을 고결하고 훌륭하며 정교할 뿐 아니라 장식적인 그림으로 장식하여 그의 가문과 상기 교회 및 예배당을 격상시킬 것이다.
그러므로 토마소 코라도의 아들이자 화가, 그것도 장인 화가로 알려진 신중하고 조심성 있는 도메니코가 그의 이름으로 그의 형제 다비드와 아들을 대신하여 프란체스코 토르나부오니의 아들, 상기의 고결하고 숭고한 조반니와 계약함으로써 상기 도미니코와 다비드를 산타 마리아 노벨라의 작업에 참여하도록 하고, 그림은 아래에 명시된 형태와 방식을 따라 진행한다. 즉, 상기 예배당의 천장(저속한 이들에게는 '천국'이라고도 불리는)을 푸른색으로 칠하고 장식하며, 상기 천장에는 네 명의 예언자들을 양질의 금으로 적절하게 장식한다. 상기 예배당의 오른쪽 주벽에는 동정녀 마리아의 일곱 가지 이야기를 그리되, 처음은 벽의 아래 부분부터 시작하여 동정녀 마리아의 탄생을 그린다. 그런 연후, 위로 올라가 두번째로는 마리아의 약혼과 결혼을 그리고; 세번째로는 성 수태고지를; 네번째로는 우리의 주 예수 그리스도의 탄생을, 경의를 표하러 오는 3인의 동방 박사와 함께; 다섯번째로는 마리아의 취결례; 여섯번째로는 사원에서 박사들과 논쟁을 펼치고 있는 소년 예수 그리스도; 일곱번째로는 열두 사제들과 함께 마리아의 죽음을 그린다.

왼쪽 주벽에는 다음의 순서를 따라 일곱 개의 다른 이야기를 그려낸다. 첫번째로는 벽의 아래 부분부터 사원의 차하리아스(성경에는 '스가랴'); 두번째로는, 신성한 성모마리아에 의한 성 엘리자베스의 방문; 세번째로는, 세례자 요한의 탄생; 네번째로는, 사막으로 가는 성 요한; 다섯번째로는, 사막에서 설교하는 성 요한; 여섯번째로는, 예수 그리스도의 세례; 일곱 번째로는, 헤롯의 연회와 성 요한의 참수를 그린다. 상기 이야기들은 하나 위에 하나를 그리며 아래와 같이 장식한다:

제단과 마주보는 주벽은, 예를 들어, 스테인글라스 창문이 있는 벽은, 오른쪽 아래부터 시작하여 위로 올라가는 순서로, 피렌체의 이전 주교였던 성 안토니노, 다음으로 성 토마스 아퀴나스, 그리고 그 위에는 성 도미니크의 형상을 그린다. 왼쪽 면에는 아래부터 시에나의 성 캐서린, 빈첸시오 페레리오, 순교자 성 피터를 상승 순서대로 그려낸다. 위에서 말한 창 위로는, 현재는 폐쇄된 '눈' 부분에 상기 후원자들이 제공한 재료를 이용하여, 성모마리아의 영광의 대관식을 천국의 영광과 함께 그려낸다. 그리고 상기 계약자들은 위의 모든 이야기들과 인물들, 그리고 프레스코화(속어로 이렇게 불린다)로 채색하여 칠하고 장식할 것을 약속하며, 양질의 청금석을 사용하여 상기 인물들은 푸른색으로 그리고, 양질의 독일 푸른 물감을 사용하여서는 좀 덜 푸른 색으로 배경과 세부사항들을 그려낸다. 그리고 대리석을 나타내는 모든 배경부분들은 대리석 색으로 표현하며, 순금으로 장식하고 다른 색을 적절하고 필요한 만큼 사용하여 작품의 미와 품질을 향상시킨다. 또한 벽기둥(속어로 이렇게 불린다)은 대리석 색과 비슷한 나뭇잎 색으로 칠하고, 배경은 순금으로, 기둥머리는 금과 그에 걸 맞는 다른 색을 이용하여 칠한다. 상기 기둥 위의 아치 장식 부분은 직사각형을 푸른 배경과 함께 대리석 색과 비슷한 색으로 그리고, 장미를 순금으로 장식해낸다. 상기 예배당의 기둥 위 표면은 바깥쪽을 석색(속어로는 회색이라 불린다)으로 칠한다. 그리고 위에서 언급된 모든 이야기들과 그림들은 상기 예배당의 전체 벽을 이용하여 천장과 아치, 예배당 내외부의 기둥에 그려낸다. 그는 인물, 건물, 성, 도시, 산, 언덕, 평원, 물, 바위, 의복, 동물, 새, 야수, 그리고 무엇이든 상기 조반니[토르나부오니]에게 적절해 보이는 것은 전부 그려내도록 하나, 위에 언급된 색과 금에 관련된 조항을 따르고 조반니의 희망에 따라 어느 부분이든 그가 원하는 모든 곳에 문장을 그려내야 한다.

상기 도급업자와 계약자 사이에 동의한 바를 따라 상기 계약자는 위에서 이야기된 이야기들과 그림들에 관한 작업을 당장 시작하며, 첫번째 그림은 반드시 조반니에게 먼저 보여주어야 한다; 그리고 상기 도급업자는 이 이야기를 그 후에 그리기 시작해야하며, 상기 조반니가 형태와 방식에 있어 덧붙이는 사항은 무엇이든, 위의 색과 금에 관해 규정된 사항들과 제한을 넘어서라도 수행해낸다.

또한 도급업자는 상기 계약자인 조반니에게 성질하게 일할 것을 약속해야 하며, 양쪽 모두 공정한 이의 중재에 따라 상기 작품, 즉 상기 예배당 내 모든 그림을 완벽하게 완성해내는 데 협력하고, 그 완성 기한은 1490년 5월로 한다. 작품은 다음 5월부터 시작하며, 다음 4년 동안 진행되어질 것이다. 또한 작품의 계약자로써 상기의 고결한 조바니는, 상기 도미니코에게 합계금액 1,100큰 금 듀캣(베네치아 금화)을 월 할부 단위로 끊어 6리라를 1플로린으로 쳐서 지급할 것을 약속한다. 자세한 내용은 다음 자료를 참조하라. D. S. Chambers(1971), Ibid., pp.172~175.

13 이 장면은 천사가 세례자 요한의 아버지 '스가랴'에게 세례자 요한의 탄생을 알리는 성경의 내용을 회화로 표현한 작품으로, 그림 전면에 날개를 단 천사가 제사장 '스가랴'에게 무언가 말을 건네는 장면도 이런 성경 이야기에 근거를 두고 있다(누가복음 1장). 그리고 화가는 세례자 요한의 아버지가 걸친 붉은색 제의 등에 검은색으로 가문의 문장인 사자를 그려넣어, 성소가 '토르나부오니' 가문의 소유라는 점을 분명히 해두고 있다.

14 성제환(2013), 앞의 책, 197쪽.

15 E. Borsook & J. Offerhause, *Francesco Sassetti and Ghirlanaio at Santa Trinita, Florence. History and Legend in a Renaissance Chapel*, Davaco Publishers, 1981, pp.13~14.

16 E. Borsook & J. Offerhause(1981), Ibid., p.18.

17 G. W. Dameron(1991), Ibid., pp.41~44.

18 E. Borsook & J. Offerhause(1981), Ibid., p.51.

19 R. Baggs, *Bitter Rivals make Great Art, Motivation for Patronage of Sassetti Chapel*, Verlag, Deutschland, 2006, pp.27~28.

20 성제환(2013), 앞의 책, 251~253 쪽. & E. H. Gombrich, "The Sassetti Chapel Revisited: Santa Trinita and Lorenzo de' Medici," *I Tatti Studies in the Italian Renaissance*, Vol.7, 1997, pp.17~20.

21 1049년 '발롬브로사나' 수도회가 창설될 당시에 정관이 없어, 프란체스코 수도회의 정관을 따랐다. 프란체스코 수도사들은 강가에서 잡은 물고기를 '발롬브로사나' 수도사들에게 보냈고, '발롬브로사나' 수도사들은 고마움의 표시로 오일을 보낼 정도로 두 수도회 사이에 유대가 깊었다. 이런 배경에서 발롬브로사나 수도회 소속인 이 수도원에 성 프란체스코 일대기가 그려지게 된다.

22 C. Hope, "Religious Narrative in Renaissance Art," Royal Society for the Encouragement of Arts, *Manufactures and Commerce Journal*, Vol.134, 1986, p.806.

23 단테 알리기에리, 『새로운 인생』, 박우수 옮김, 민음사, 2006, 52쪽.

24 Raymond de Roover(1966), Ibid., p.49.

25 베아트리체의 아버지 폴코 포르티나리(Folco di Ricovero Portinari)는 은행가 가문 출신으로 피렌체 최초의 병원인 산타 마리아 누오바 병원을 세웠다. 브뤼헤 지점장이었던 토마소 포르티나리는 이 병원 창립자의 손자이다. 메디치 가문과 한 가족처럼 성장한 이들은 자연스레 메디치 은행에서 근무하게 되었는데, 큰 아들(Pigello)는 밀라노 지점장을, 둘째(Accerito)는 형의 밀라노 지점을 이어받았다. 베아트리체의 아버지 폴코 포르티나리에 대한 자세한 내용은 다음 자료를 참조하라. J. Henderson, *The Renaissance Hospital: Healing the Body and Healing the Soul*, Yale University Press, 2006, pp.180~183.

26   Raymond de Roover(1966), Ibid., pp.341~342.

27   Raymond de Roover(1966), Ibid., p.274.

28   J. G. Bernstein, "Pigello and the Portinari Chapel," *Florence and Milan: Comparisions and Relations*, Villa I Tatti Conference, Florence, 1989, p.196.

29   E. Panofsky, *Early Netherlandish Painting*, Princeton University Press, 1953, pp.330~350.

30   F. A. Yates, *Giordano Bruno and the Hermetic Tradition*, The University of Chicago Press, 1964, pp.84~116.

31   야콥 부르크하르트, 『이탈리아 르네상스의 문화』, 안인희 옮김, 푸른숲, 1999, 354~355쪽.

일곱째 날

1   R. A. Lanciani, *Ancient Rome in the Light of Recent Discoveries*, Bibliographical Center for Research, 2010, p.154.

2   Raymond de Roover(1966), Ibid., p.370.

3   로베르토 리돌피, 『마키아벨리 평전』, 곽차섭 옮김, 아카넷, 2000, 38쪽.

4   2016. 7. 29일 자 경향신문(국제면)에 실린 기사.

5   1410년 피에솔레의 조각가 Simone에게 조각상을 주문했지만 다리에 구멍을 내어 엉망으로 만들었다. 그리고 1463년에 도나텔로의 제자인 Agostino di Duccio에게 다시 주문했으나, 도나텔로가 사망하는 바람에 중단되고 만다. 이와 관련된 기록에 대해서는 다음 자료를 참조하라. C. Seymour, Jr., *Michelangelo's David: A search for identity*, Norton, Repint edition, 1974, p.36.

6   A. Symonds, *Life of Michelangelo Buonaroti*, CreateSpace Independent Publishing Platform, 2013, p.58.

7   1504년 1월 25일, 피렌체에서 이름깨나 있는 예술가들과, 장인들, 그리고 정부 관계자 등, 총 32명이 한자리에 모였다. 미켈란젤로와 앙숙이었던 레오나르도 다빈치, 〈비너스의 탄생〉이란 그림으로 이미 명성을 떨친 화가 '보티첼리'도 초청을 받았다. 얼마 안 있으면 완성될 미켈란젤로의 〈다비드〉 조각상을 어디에 전시할 것인가를 놓고 자문을 구하려는 목적이었다. 다양한 의견들이 나왔다. 다비드를 그리스도 탄생을 예언한 선지자로 여긴 참석자는 이 조각상을 피렌체의 성지인 두오모 성당이 위치한 광장에 놓아야 된다고 주장했다. 또다른 참석자들은 〈다비드〉 조각상을 이스라엘을 침공한 거인 골리앗을 돌팔매로 물리친 용맹스러운 전사로 여겨 피렌체 시민들이 모두 볼 수 있는 시청사 광장에 전시해야 한다고 주장했다. 이와 관련된 자세한 자료를 다음 문헌을 참조하라. S. Levine, "The Location of Michelangelo's David: The Meeting of January 25, 1504," *The Art Bulletin*, Vol.56, 1974, pp.31~49.

8   K. Frey, "Studien zu Michelangniolo Buonarroti und zur Kunst seiner Zeit," *Jahrbuch der Koniglichpreussischen Kunstsammlungen*, Vol. XXX, 1909, p.107.

9   V. S. Mockler, *Colossal Sculpture of the Cinquecento from Michelangelo to*

Giovanni Bologna, Ph. D. diss., Columbia University, 1967, p.19.

10 "나는 신학자가 아니다. 내 손에 성경책이 아니라 무기를 쥐어다오!"라고 주문할 정도로, 서방교회의 신앙적 지도자라기보다 전쟁터에 있을 때 더 행복을 느끼는 전사인 교황(율리우스 2세)'은 행동이 앞선 젊은 추기경에게 스페인 군 사령관과 함께 피렌체를 침공하도록 명을 내렸다. 이 젊은 추기경이 바로 '위대한' 로렌초의 둘째 아들로, 13살의 나이에 추기경 직에 오른 '조반니'이다. 생전에 '위대한' 로렌초가 1만 두카트(Ducat, 베네치아 금화), 우리 돈으로 80억 원이 좀 넘는 어마어마한 뇌물을 주고 아들에게 씌워줄 추기경 모자를 샀다. 스페인 연합군과 젊은 추기경이 인솔한 교황군은 피렌체 인근의 도시(Prato)를 침공해 무려 2000여 명이 넘는 시민들을 학살했다. 당시 교황의 군대가 저지른 만행을 묘사한 기록을 보면 이들이 얼마나 잔악했는지 상상하기조차 끔찍하다. "아무도 반항하지 않았다. 프라토(Prato)에서 2000명이 넘는 시민들이 학살당했다. 교황군은 성직자들을 제단으로 끌고 가 피살했으며, 여자들을 길에서 납치해 강간했다. 남자들을 잡아들여 값나가는 물건을 숨긴 곳을 알아내기 위해서 고문을 했다. 숨긴 곳을 알아낸 다음에 목을 매달아 우물에 빠뜨리거나 구덩이에 파묻었다" 신성한 교황의 군대가 아니라 피에 굶주린 폭도들이었다. 메디치 가문은 이런 만행으로 피렌체 시민들을 공포로 몰아넣어 피렌체를 다시 장악하고 만다(1512년 11월). 피렌체 정부의 행정 수반은 추방당하고, 마키아벨리는 해고되어 실업자가 되었다. 그리고 해가 지나 전사 교황이었던 율리우스 2세가 사망하고, '위대한' 로렌초의 둘째 아들 '조반니'가 교황 '레오 10'세로 선출되었다. 메디치 가문의 복권과 관련된 자세한 내용은 다음 자료를 참조하라. C. Hillbert(2004), Ibid., p.168.

11 메디치 가문 출신으로 피렌체에 입성하는 교황의 축하행렬이 열리던 시청사 광장 건물들 벽면에 '레오 10세를 '(헤라클레스의) 노역에 대한 승리자(laborum vixtorii)'라 표현한 휘장을 새겨 넣은 것도 이러한 신화에 기초한 것이다. 관련된 내용은 다음 자료를 참조하라. J. Cox-Rearick, *Dynasty and Destiny in Medici Art: Pontormo, Leo X, and the two Cosimos*, Princeton University Press, 1984. p.147.

12 M. D. Morford, *Carving for Future: Baccio Bandinelli Securing Medici Patronage Through His Mutually Fulfilling and Propagandastic "Hercules and Cacus"*, Ph. D. diss., Case Western Reserve University, 2009, p.97.

13 L. Gatti, "Displacing Images and Devotion in Renaissance Florence: the Return of Medici and an Order of 1513 for the Davit and the Judit," *Annali della Scuola Normale Superiore di Pisa*, Classe di Lettere e Filosofia. Vol.2. 1922, pp.349~373.

14 P. Barocchi & R. Ristori, eds., "Il carteggio di Michelangelo," *Florence*, Vol.3, 1965, pp.194~195.

15 P. Barocchi & R. Ristori(1965), Ibid., p.366.

16 E. Panofsky, *Study in Iconology*, Harper & Row, 1972, pp.202~210.

17 윌 듀런트, 『문명 이야기: 르네상스 5-2』, 안인희 옮김, 민음사, 2011, 408쪽.

18 C. Clough, "Clement VII and Francesco Maria della Rovere, Duke of Urbino," *The Pontificate of Clement VII. Great Britain*, Ashgate, 2005, pp.75~108.

19 F. Gilbert, "Bernardo Rucellai and Oriti Oricellai: A Study on the Origin of Mod-

ern Political Thought," *Journal of the Warburg and Courtauld Institute*, Vol.12, 1949, pp.115~117.

20 A. Butterfield, *The Sculptures of Andrea del Verrocchio*, Yale University Press, 1997, p.37.

21 R. Trexler and M. Lewis. "Two Captains and Three Kings: New Light on the Medici Chapel," *Studies in Medieval and Renaissance History*, Vol.4, 1981, pp.113~114.

22 J. Pope Hennessy, *Italian High Renaissance and Baroqe Sculpture*, Vintage, 1985, p.37.

23 교황의 조카인 '네무르 공작'은 자신의 비서에게 "피렌체는 자신의 땅이고, 피렌체의 가슴과 젖으로 자신의 야망을 채워 나갈 것이다."라고 이야기했다. 자세한 배경에 대해서는 다음 자료를 참조하라. J. Najemy(2006), Ibid., p.429.

24 J. A. Symonds, *Renaissance in Italy, The Catholic Reaction*, Vol.1, Qontro Classic Books, 2010, p.33.

25 J. M. Robertson, *Short History of Free Thought: Ancient and Modern*, Owlfoot Press, Vol.1, 2016, p.469.

26 L. Throndike, *Science and Thought in the Fifteenth Century*, Columbia University Press, Vol.4, p.761.

27 프랑스 왕 '샤를 8세'가 이탈리아를 침공하고, '불행한' 로렌초와 협상을 하는 과정에 대해서 좀더 자세한 내용에 대해서는 다음 자료를 참조하라. M. Plaisance, *Florence in the Time of the Medici*, tr., C. R. Nicole, Victoria University in the University of Toronto, 2008, pp.41~54.

당신이 보지 못한 피렌체

1판 1쇄 2017년 4월 7일
1판 4쇄 2019년 10월 18일

지은이 성제환
펴낸이 염현숙
기획·책임편집 강명효 편집 류기일
디자인 이보람 본문 일러스트 홍남기
마케팅 정민호 이숙재 양서연 안남영
홍보 김희숙 김상만 오혜림 지문희 우상희
제작 강신은 김동욱 임현식 제작처 영신사

펴낸곳 (주)문학동네
출판등록 1993년 10월 22일 제406-2003-000045호
주소 10881 경기도 파주시 회동길 210
전자우편 editor@munhak.com 대표전화 031)955-8888 팩스 031)955-8855
문의전화 031)955-3578(마케팅) 031)955-2697(편집)
문학동네카페 http://cafe.naver.com/mhdn 트위터 @munhakdongne
북클럽문학동네 http://bookclubmunhak.com

ISBN 978-89-546-4502-7 03920

www.munhak.com